作文

書寫技巧

蔡輝振　編撰

天空數位圖書出版

目　錄

※ 高中水平

6

作文書寫技巧

編 者 序

　　國文對學生而言，除中文系同學外，一般皆認為不是那麼的重要，在他們心目中，專業科目是「生命之必須」，將來就業的飯碗；而國文僅是一門「營養學分」，營養多一點、少一點，並不影響他們的生存，加上其本身較枯燥無味，學生自然意興闌珊，興趣缺缺，這是目前校園內普遍的現象。

　　學生會主動努力去學習的科目，主要是建立在兩個基礎上：其一是他認為對其一生有重大的影響，如專業科目，縱是枯燥無味，他們也會強迫自己去讀；其二是本身的興趣（如漫畫、小說類書籍）或他們所喜歡的老師，你就是想禁止他們去讀，恐怕也難。至於他們認為不重要或沒興趣的科目，難免心存應付的態度為之。

　　試問！什麼科目是我們日常生活中，甚至一生當中，最息息相關的呢？專業科目僅在職業上發生作用，平常用的機會並不多。唯有國文如影隨形的相伴，講話也好，寫文章也罷，舉手投足之間無不展現出一個人的氣質水準。我相信，無論男女，大都希望能找個談吐文雅，氣質翩翩的伴侶，而較不願意跟低俗粗暴的人做朋友。正如俗語所說：「龍交龍，鳳交鳳，隱疴的交侗戇。」什麼樣的人就結交什麼樣的朋友，物以類聚是很自然的事。所以，一個國文程度好的人，在他的人際關係中，自然會受到較多的青睞，結交異性朋友的機會也會較多，如此便使他的人生旅途更為平順。

　　再者，學生畢業後走出校門，能否順利就業，其關鍵往往

建立在國文的基礎上。因任何公司行號、金融機構、學校或政府機關的用人，通常是透過筆試與面試來篩選人才，尤其是高普考及各種特考等，而國文（論文及公文）即是共同的必考科目，有的甚至規定國文不及格者不能晉級參加口試。所以，任你專業知識再豐富，第一關的國文筆試不能通過也是枉然。進入第二關的口試，也必須藉由國文做為橋梁，適當的遣詞用字，引經據典，方能淋漓盡致的將滿腹專業知識展現出來，國文不好，自難以表達專業知識。

由此得知，一個人走出校門，踏入社會，能否順利就業，進而開創美麗幸福的人生，其關鍵是在國文的基礎上，雖非必然，卻有較多的機會。可見，國文對吾人一生影響的重大與深遠，尤其是作文書寫的能力。李白是舉世公認才華橫溢的詩人，然他卻一生潦倒，機會雖曾曇花一現，但終究不得志，只因沒有舞台的緣故。一個人的才華，需靠舞台才能展現，而舞台的獲得，對現今而言，往往是建立在國文的基礎上，願藉此勉勵各位。

本書之目的，在於提升學生作文的書寫能力，除概說單元先介紹：作文寫作的演變、方法、形式、技巧、種類，以及在短時間內作文拿高分的高招等有關作文書寫的議題外，主要有：「輕鬆學好作文」、「輕鬆學好成語」，以及「輕鬆學好修辭」等三輯，並依國小、國中、高中等不同水平分類，共計 118 個單元，針對同學經常接觸的題材加以編寫。其中「輕鬆學好作文」每個單元都有寫作引言、寫作指南、寫作錦囊、佳作欣賞與參考題目。從作文題目含義的分析、寫作的方向與重點到美詞佳句的運用和佳作欣賞，循序漸進、由淺入深的引導學生學習作

文的技巧，再實務練習作文的書寫。本書說明簡潔易記，並有語文遊戲、成語故事、修辭技巧、詩文欣賞等延伸資料，是同學寫作的最佳指南，也是教師指導作文的最佳輔助教材。其中，韓秋麟與張敏慧是參與本書資料蒐集／起草之學生，如有不慎侵權時請告知，本團隊將立即改正，特此聲明！

　　再者，「修辭」是文字的化妝師，濃妝艷抹的文章，容易給人一種華而不實的感覺；不施胭脂、平鋪直述的文字，就如同法規條文一般枯燥乏味，讀了令人昏昏欲睡。但要將自己的意思運用最恰當的修辭技巧表達出來，而使文章的層次達到引起共鳴的高妙境界，說來容易，但做起來卻不簡單，要教會學生懂得靈活運用修辭技巧，寫出令人感動的好文章更是不容易。

　　所以，本書收集多則古往今來、膾炙人口的名人佳句，以學生最常接觸的二十二種修辭加以整理分類，一方面讓學生了解常用修辭的使用方式，同時也可以讓學生進一步的揣想、體會名家在敘事、抒情方面的高妙技巧，進而達到融會貫通的效果。倘若學生都能熟讀這些名人佳句，並用心的細細品味，就如同站在巨人的肩膀上看世界，文學的視野也將更加的寬廣遼闊。

　　為配合教育部之政策，讓吾人快樂的學習，本公司不惜花費巨資，建置「**天空知城**」數位學習平台（**http://www.knowledgecitysky.com.tw**）。該平台將本叢書全部數位化，並建置教師與學生雙向互動式數位教學模式，以及練習系統、考試系統、題庫資料庫等。對教師而言：將可免除備課、出題考試與閱卷批改的煩惱，課程內容又可標準化，以及深廣化，資料也可隨時統一更新，非常方便省時。對學生而

言：趣味性的數位教學，將可引發學習的動機；教材內容的豐富性，將可增進知識的廣博，尤其是課後的輔導，教師與學生之間，隨時可在互動式數位教學平台上雙向溝通，也可以不受時空限制反覆的學習，尤其是紙本版與數位版的教材可相互為用，非常方便。自此而後，我們將可置身在一個人性化、智慧化、便捷化，以及講究視聽覺享受的操作環境，唾手可得所要的資訊。

國立雲林科技大學漢學所教授兼數位典藏中心主任

教材叢書編著委員會總編著

蔡輝振　謹識於雲林聽風軒

2020.12.09

概說

一、作文寫作的演變

寫作是整理個人的思緒並將之條理化、清晰呈現的方式，作者針對特定的主題產生觀點主張或情緒感受，便透過文字為媒介、將內心所想所感轉化成書面文字的紀錄。在迅速變遷與進步的 21 世紀，語文素養將有助於培養年輕學子系統化的理解，並精確清晰表達的溝通能力，以及面對問題、解決問題的邏輯思辨與創新的能力。[1]這是學生培養語文能力的實際效用，以及教師與學校在語文能力科目的教學目標。

另一方面，由語文能力評量的角度觀察，大學入學考試中心自 107 年起，將國文考科區分為選擇題與作文測驗兩部分，並將作文測驗單獨施測，併入國文考科成績計算。[2]透過國民基本教育綱要的語文核心素養說明，以及大考中心的決策，可以反映出，作文無論是在國語文教學內容，或語文能力的評量指標方面，都佔有重要與關鍵的地位。茲以「傳統寫作模式」與「新式寫作模式」來說明兩者之間的演變：

1.傳統寫作模式：

傳統的作文模式係要求學生針對一道作文題目，進一步延

---

[1] 關於語文素養之具體內涵與目標，參見「CIRN 十二年國民基本教育課程綱要-語文領域-核心素養」，網址：https://cirn.moe.edu.tw/WebContent/index.aspx?sid=11&mid=5724，上網：2020 年 10 年 21 日。

[2] 曾佩芬：〈國語文寫作能力測驗的回顧與前瞻〉，《考試學刊》第 12 期 2017 年，1-47 頁。（Bulletin of Testing and Assessment）https://www.ceec.edu.tw/files/file_pool/1/0J197404550534315264/2017-12-01 國語文寫作能力測驗的回顧與前瞻%28 定稿%29.pdf，上網：2020 年 10 月 21 日。

伸、發揮，擴充至數百字的文章，同學必須在動筆寫作之前詳細審題，以求準確理解題目的意思，並確立文章的中心主旨，再依循該主旨選取適當的書寫材料，安排規劃作文的結構布局，並能在行文中運用修辭技巧，為文章增添文學美感。

　　此類以單一題目擴充成篇的作文寫作模式，主要目的是培養學生的綜合寫作能力，並藉此進一步鍛鍊整體性的創造能力，但因缺乏明確詳盡的指示與循序漸進的引導，對於原本就不擅長寫作的同學而言，往往不知從何下筆，也不明白該如何發展成篇，更遑論訓練寫作能力了。[3]

2.新式寫作模式：

　　相較於傳統單一題目的「命題式作文」模式，新式寫作逐漸發展出兩類寫作型態：「引導式寫作」與「限制式寫作」。這兩類寫作類型之間最重要的差異在於：引導式寫作中的說明僅是作為引導，並不具備強制性；但是限制式寫作中的說明不僅具有引導作用，同時也具有條件的限制，因此也可視為強制性。兩類寫作型態各有其優勢，引導式寫作留給學生較大的發展空間，而限制式寫作因具有限制性，要求學生據此寫作，可以於寫作訓練時幫助學生鍛鍊整體的寫作能力，也可以針對單一文章，或寫作技巧做特定練習。

　　因此，看似有條件限制的限制式寫作，其實正是引導式寫作。[4]除了寫作型態的革新之外，大學入學考試的寫作測驗也自83學年度起逐年變革，題型納入「文章縮寫」、「文章擴寫」、「閱

[3] 陳滿銘主編：《新式寫作教學導論》（臺北：萬卷樓圖書股份有限公司，2007年初版），頁72。
[4] 同前註，頁29、30。

讀寫作」與「文章賞析」等，並於 87 學年度正式納入引導式寫作。此後，引導式寫作便成為高教體系及技職體系入學寫作測驗的常態性題型之一。[5]

二、作文寫作的方法

　　作文是指「寫文章」，也可以表示「練習寫作」。[6]在小學階段的國語課和中學階段的國文課，我們的學生都持續接受國語文閱讀和寫作的訓練，作文課就是練習寫作的方式之一。大考中心自 107 年起，將國文考科的作文題更改為「國語文寫作能力測驗」，簡稱「國寫」，增加多元的題型與生活化的議題，扭轉過去的作文考試，以單一題目要求學生書寫長篇文章的刻板印象。儘管國語文寫作能力測驗漸趨多元，其目的主要是透過不同的寫作類型，以展現同學掌握語文的綜合應用能力，這也是語文教育的實際效用。因此，寫作能力仍是表達與應用語文能力的關鍵核心。

　　作文的基本寫作方法，包括：記事敘述、抒發情感與議論說理，這三類寫作方法的表達技巧不同，文章欲傳達的主旨意涵也相異，聚焦於記事敘述的文章是「記敘文」，強調抒發內心情緒感受的文章是「抒情文」，主張理性論說並發為議論的文章

---

[5]　曾佩芬：〈國語文寫作能力測驗的回顧與前瞻〉，《考試學刊》第 12 期 2017 年，1-47 頁。（Bulletin of Testing and Assessment）https://www.ceec.edu.tw/files/file_pool/1/0J19740455053431526 4/2017-12-01 國語文寫作能力測驗的回顧與前瞻%28 定稿%29.pdf，上網：2020 年 10 月 21 日。

[6]　教育部重編國語辭典修訂本「作文」條，網址：http://dict.revised.moe.edu.tw/cgi-bin/cbdic/gsweb.cgi?ccd=tTsJeA&o=e0&sec=sec1&op=v&view=0-1，上網：2020 年 10 月 26 日。

是「論說文」。知名作家王鼎鈞曾指出：「**記敘文的寫作重點在使人知、抒情文的寫作重點在使人感；議論文的寫作重點在使人想、使人信。**」[7]這便簡要說明了記敘文、抒情文與論說文寫作的核心關鍵與目的。

記敘文寫作的技巧，包括：直敘與倒敘。直敘法是作者透過自己的視角展開的直觀敘述，內容係依據事件發展的脈絡依序鋪陳記敘；而倒敘法則是先揭露了事件的結果，再追述事件發生的過程，此類逆轉事件發展順序的寫作技巧，能夠在文章開頭便引起讀者繼續閱讀的興趣。特別注意的是，直敘法並不等於平鋪直敘的記錄文字，作者必須決定材料的主從順序，而分別給予詳盡或簡略的敘述，善用比喻、烘托等描寫的技巧，使作文有起伏轉折，而不是講究記錄完整，卻又繁瑣冗長、淡然無味的敘事文章。[8]

抒情文的主題，是表達作者的內心情緒和感受，一旦心中有了感動，眾多的思緒與想法也隨之湧現在腦海中翻騰，驅使作者提筆直抒胸臆，無論是「借景生情」、「因事生情」、「臨地生情」或「睹物生情」[9]，都是作者主觀的表現。作者內心的情感是透過景物、事件、地方與物品等不同的媒介而感動觸發，藉由書寫文字發揮心中所感與所想，文章之中仍舊存在著事理。也就是說，抒情文便是作者從主觀感受為出發點，以感性柔軟

---

[7] 王鼎鈞：《作文七巧》（新北市：木馬文化出版，2018 年 10 月初版），頁 118。

[8] 王鼎鈞針對直敘的技巧提出一段說明：「取材有主從，所以文筆有繁簡，不宜平均。」語見同前註，頁 30。

[9] 「借景生情」、「因事生情」、「臨地生情」與「睹物生情」之說，見同註 7，頁 68。

的筆調，書寫人事情理的寫作方法。對於熱情洋溢的青春學子而言，抒情文也是比較容易發揮的寫作類型，然而字裡行間所欲傳達的情感應以真誠動人為貴，避免為了抒情而任由情緒恣意奔馳，也應避免「為賦新詞強說愁」而過度渲染，顯得文章內容虛假浮誇，反而弄巧成拙。

　　針對一項議題提出觀點主張、發為議論便是寫作論說文的主要目的。作者首先必須廣泛閱讀資料，才足以形塑具體的觀點主張、發為議論，並提出充分的佐證支持自我的觀點。因此，論說文的寫作，須依循以下的步驟：首先是針對作文議題蒐集資料，在閱讀的資料過程中，逐漸形塑自我的主張觀點，同時運用資料中的範例作為佐證，支持並強化自己的主張，使自己的論述更加穩固，不易被駁倒。

　　所以，平時必須培養廣泛閱讀書報文章的習慣，深廣自己對各類議題的瞭解，一旦遇到需要蒐集資料的論題時，才會有助於提升蒐集效率和資料的精確性。從蒐集、閱讀資料進展到提出觀點主張的過程，學生能夠培養歸納的技巧，也就是整理各種說法，再化繁為簡、從多中求同，也能善用歸納技巧使文章更有條理組織。

　　另一方面，歸納技巧也有助於鍛鍊同學的邏輯組織思維，而演繹的寫作技巧則與歸納相反，演繹是推論與想像的技巧。在論說文中，作者可以運用已知的範例做推論，作為支持自我觀點主張的佐證；而想像能夠幫助推論延伸拓展至未知的領域，適當的想像推論能提升論說文的層次，使論說文的結構更完整縝密，而非憑空想像的極端推論。

三、作文命題的形式

　　過去的作文多屬單一命題作文，題目簡潔明瞭，學生必須先仔細審題、立意，進一步組織材料、構思布局，再提筆書寫成篇，並於行文間講究修辭技巧，完成一篇作文，此類作文主要是測驗學生的綜合寫作能力。以大學入學考試的作文命題為例，主題大多偏向議論說理的論說文，單一命題作文形式的優點是允許同學有更大的空間、自由表達對特定主題的想法，卻也可能因為題目太過簡潔而導致同學不易理解或理解錯誤的狀況。另一方面，學生為能在作文測驗獲得高分而衍生背誦範例佳作，放棄審題立意與組織構思，而是遵循、套用易得高分的作文模式，因此導致作文變得僵化刻板。[10]

　　因此，大考中心正式納入「引導寫作」為語文寫作能力的測驗題型之一，代表著語文教育和評量方式的變革。引導式寫作是在指定題目之前提供一段與題目相關的敘述或短文，引導學生進入主題情境、或引發聯想共鳴，藉此構思寫作方向與布局，這是針對命題要求的反應寫作，也是比過去的單一題目更容易提筆發揮的寫作形式。

　　列舉109年度的國寫作文題目為例，第一大題提供了約800字的短文，以問題為導向、針對主題短文提出兩項問題，要求考生在規定字數內作文回答問題；第二大題提供了一闋詞（甲

---

[10] 曾佩芬：〈國語文寫作能力測驗的回顧與前瞻〉，《考試學刊》第12期 2017年，1-47頁。（Bulletin of Testing and Assessment）https://www.ceec.edu.tw/files/file_pool/1/0J197404550534315264/2017-12-01國語文寫作能力測驗的回顧與前瞻%28定稿%29.pdf，上網：2020年10月21日。

文）以及一篇散文（乙文）為引導寫作之題材，以問題為導向，要求考生連結甲文或乙文的體悟，作文回答問題。此類的語文寫作測驗，主要是測驗同學解讀文本、選擇題材、組織篇章的能力，並務求用詞精確、行文流暢。[11]

因此，引導式寫作不僅是測驗同學在修辭造句、行文敘述的基本寫作能力，更是鍛鍊同學在閱讀理解與組織思考的邏輯思維。

四、作文教學的技巧

「引導式寫作」不僅測驗修辭造句、行文敘述等基本寫作能力，同時也是測驗閱讀理解和組織思考的邏輯思維能力。文字敘述首要注重通順流暢，若是再加上優美的修辭造句便能吸引讀者的目光，進一步更可以喚起讀者的欣賞與讚嘆，這是作文在行文敘述和遣詞造句的層面所要求的原則。而引導式寫作的核心，則是在閱讀理解和組織思考的能力，也就是學生的文章必須符合題目的限制與要求，下筆寫作之前必須先仔細分析引導文章之內容，並透徹瞭解文章之涵義，才能寫出符合題目規定與要求的作文，否則即使文字修辭再如何優美動人，仍舊是「文不對題」的作文。

至於閱讀理解、組織思考的邏輯思維能力，以及修辭造句的寫作技巧兩者，又以邏輯思維能力為作文的核心。因此，作

---

[11] 題目與佳作評語，見大學入學考試中心網頁，一般試題：https://www.ceec.edu.tw/xmfile?xsmsid=0J052424829869345634；109 學年度學科能力測驗國寫作文佳作：https://www.ceec.edu.tw/xmdoc/cont?xsmsid=0J071624926253508127&sid=0K084410658709222204，上網：2020 年 10 月 28 日。

文教學首要著重於幫助同學培養、練習「審題」的能力，以引導式寫作為例，審題即是閱讀理解與組織思考的能力，同學必須仔細閱讀引導文章，再依據題目規定寫作，而閱讀理解的深度與廣度不同，作文的高下優劣也就明顯可見。

　　根據王鼎鈞的主張：「**作文構思的時候，一方面要抓緊題目，一方面要能向四面八方延伸，題目就是『心』，文章構思就是在向心力和離心力之間取得平衡。**」[12]這一段敘述適切地說明了作文閱讀理解，除了必須深入仔細之外，更強調了從題目向外延伸、進一步擴充發展的能力及其重要性。具體而言，作文閱讀理解的第一步驟是描述，包括事件、人物、時間與地點等細節，以問題為導向的寫作方式，描述事件為何？參與的人物是誰？事件於何時發生？何地發生？第二步驟則是分析，思考事件如何發生？為何發生？第三步驟是能進一步深入，並延伸思索事件可能產生何種影響？是否可能衍生其他的發展？經過描述的步驟，便能夠詳細明白引導文章的內容。接著是透過分析的步驟，思索事件發生的前後因果關係與題旨要義，並針對題目提出自己的判斷與觀點。最後是深廣思考的層次與面向，擴展題目的意涵，並提出事件在未來可能發展的想像情景。

　　上述的三個步驟，僅是理解閱讀作文的概要原則，除了將此一寫作模式套入平時的寫作練習之外，提升閱讀理解能力與精進寫作技巧的基礎，在於養成閱讀的習慣，廣泛及大量的閱讀能夠訓練理解和組織的思考能力，讓學生能夠熟悉分析文章的切入點和方法，更能準確掌握文章的內涵要義，也能完整充

12　王鼎鈞《作文十九問》（新北市：木馬文化出版，2018 年 10 月初版），頁 56。

分的遵循題目規定作文。另一方面，隨著閱讀量增加，學生能大量吸收其他作者在行文敘述的風格，以及遣詞造句的寫作技巧。初步的階段可以透過仿作、學習其他作者的寫作方式，逐漸再將閱讀過的詞彙文句融會貫通，以轉化成為自己的口吻語句，形塑出自我的寫作風格。經過仔細審題、理解題意，並明確訂定作文之立意、展現清晰的邏輯思維，加之以敘述流暢、修辭優美等寫作技巧，即是一篇相當出色的作文。

五、作文寫作的種類

傳統的單一命題作文寫作種類，根據記敘、抒情和議論之不同目的，大抵能區分為記敘文、抒情文和論說文。因此，作文的種類往往能透過題目清楚判別，學生也能透過此類的作文題目，反覆練習單一的記敘、抒情或議論的寫作技能。然而多數作者寫作文章時並不一定會嚴守記敘、抒情或議論的單一層面，加上〝引導式寫作測驗〞，要考的是學生綜合寫作能力。

所以，學生面對引導式寫作測驗時，必須遵照題目說明的方向分析文章、進一步擴充、縮寫或改寫，再結合記敘兼抒情，或記敘兼議論，或抒情兼議論，或三者兼備的寫作技巧，來完成作文。以國語文寫作能力測驗，「引導式寫作」歷年來的命題方向演變來看，94 至 97 年的引導寫作多屬偏重抒情記敘的題目；98 至 105 年的題目多強調考生的論述能力；而引導式寫作為了幫助考生透過個人的生活體驗探索、省思與延伸發揮，試題多有「記敘、抒情或議論皆可」的註記。[13]

---

13 曾佩芬：〈國語文寫作能力測驗的回顧與前瞻〉，《考試學刊》第
　　12 期 2017 年，1-47 頁。（Bulletin of Testing and Assessment）

　　由此可見，引導式寫作已經打破了單一命題作文的記敘文、抒情文，以及論說文分類的界線，轉而強調綜合寫作能力的表現。

六、作文高分的高招

　　所謂的「高招」，意指有別於正常情況下的高明辦法或主意。作文要拿高分，在正常情況下，應是以「厚實的國學為基礎」，加上善於「遣詞用字、文法修辭、成語典故」等之應用，方能寫出一篇文情並茂的文章。然厚實的國學基礎非一蹴可幾，它需要長時間的累積，方能有成。對於一些國學基礎不好，又不擅於應用的考生，將如何是好？本單元即針對這樣的考生，提出作文如何拿到高分的高招！

　　當然，這種高招並不是學習作文最好的方式，真正的寫作需要累積大量的課外知識，學會思辨與內省的思考能力，從根本上強化國學基礎，訓練寫作的功力，才能真正累積作文書寫的實力。

　　109 學年度，第一屆新制「國語文寫作能力測驗」，簡稱「國寫」便上路。因此，考生有必要先了解「舊制學測作文」與「新制學測國寫」，兩者之間的差異，進而知道大考中心公布新制國寫的評分原則，以便能從容的應試對策！茲說明如下：

1.舊制與新制之間的差異：

https://www.ceec.edu.tw/files/file_pool/1/0J197404550534315264/2017-12-01 國語文寫作能力測驗的回顧與前瞻%28定稿%29.pdf，上網：2020 年 10 月 21 日。

項目＼制度	舊制	新制	備註
題目形式	單段引導文字。	閱讀長篇文章。	
題目類型	偏向「個人生命歷程」。	除舊制「個人的」、「感性的」生命歷程外，還加上「知性的」、「公眾議題」等之分析與評論。	
測驗能力	書寫能力與感性能力兼具。	書寫能力與閱讀能力；知性能力與感性能力。	
備註			

2.新制評分原則：

　　新制國寫測驗共有兩大題，每題 25 分。第一大題分為 2 小題，測驗考生的知性統整判斷能力；第二大題則在測驗考生的情意感受抒發能力，考試時間為 90 分鐘。評分時每題以「A+」、「A」、「B+」、「B」、「C+」、「C」等六級來劃分。茲列舉如下：

第一大題：知性統整

　　【題目】

●概　說

一、

　　玩具種類繁多，大致可以分成古典玩具、積木玩具與擬仿玩具這三大基本分類。古典玩具其特徵是造型簡單，不刻意模仿現實事物，提供兒童以各種方式要弄，即常見的童玩（七巧板、陀螺等）。相反地，擬仿玩具不同於積木玩具的單元式或化約式排列組合，這類玩具試圖模擬現實上或想像上的事物樣貌。模仿的對象從名人偶像、卡漫人物到槍砲刀劍、交通工具、軍事武器等應有盡有，並分別發展為自成一格的複雜體系。

　　擬仿玩具不只是提供存在的物質本身，更包含其背後所蘊含的意象、敘事、歷史記憶等脈絡。例如卡漫玩具主角衍生自整套卡漫文本；交通玩具（跑車、工程車等）則可引發對某種生活方式、社會地位與品味的認同；軍事武器則關聯於對戰爭史和科技發展史的知性興趣。

　　各個時代的孩子都會拿日常生活中取得的物品製作玩具，或者是自己設計、就地取材。專門替小孩製作玩具這種現代化形式，一直到啟蒙主義時代才出現。當時德國人對兒童的教育非常嚴格，但不久便有人開始對這種教育方式產生質疑，並重新思考孩子的本質及教育的意義。這些人肯定遊戲對孩子不可或缺，同時也提倡學習應該是快樂而非枯燥、無趣，因此接著又出現強調合宜的玩具對孩子具有重要性的聲音，福祿貝爾就是支持此種主張的人士，於是造型簡單的積木於焉誕生。

　　玩具的存在體現價值觀的變遷而反應在玩具的型態上，那麼要怎麼看待孩子玩玩具？小時候常常聽到大人告誡不要再玩玩具了，趕快去用功讀書，但現今也常常聽到許多專家學者不斷鼓吹玩出創造力，即使還是有許多人認為買玩具是一種奢侈、享樂主義式的行為。

　　現今對於玩具是否是一種可以玩出大能力的中介物，還是仍認為它是享樂？這都顯示出不同類型的人對玩具消費看法的差異，它到底是玩物喪志？還是玩物養志？顯然仍各說各話。（改寫自張盈堃〈物體系：玩具的文化分析〉）

請分項回答下列問題：

問題（一）：請依據上文，說明積木誕生的背景因素。文長限 80 字以內（至多 4
　　　　　　行）。（占 4 分）

問題（二）：玩具對你而言，較偏向「玩物喪志」或「玩物養志」？請就你的成長
　　　　　　經驗，說明你的看法。文長限 400 字以內（至多 19 行）。（占 21 分）

【評分原則】

　　第一大題分二小題，第一小題要求考生根據文章內容，說明積木誕生的背景因素。第二小題要求考生依據成長經驗，對於「玩物喪志」與「玩物養志」提出看法。

【A 級分數】

「A＋級」（22~25 分）：能完整敘述積木誕生背景因素，且結合具體生活經驗，針對「玩物喪志」與「玩物養志」，深入闡述自己觀點，論證有力，結構謹嚴，文辭流暢者，得「A＋級」。

「A 級」（18~21 分）：若說明清楚，敘述暢達，條理分明者，得「A 級」。

【B 級分數】

「B＋級」（14~17 分）：敘述積木誕生背景因素不夠完整，但對「玩物喪志」與「玩物養志」能結合生活經驗說明自己觀點，論證尚稱明白，文辭亦得宜者，得「B＋級」。

「B 級」（10~13 分）：論證平平，生活經驗描述普通，文辭尚稱通順者，得「B 級」。

【C 級分數】

「C＋級」（6~9 分）：針對積木誕生背景因素敘寫雜亂，文辭拙劣，且對「玩物喪志」與「玩物養志」前後邏輯矛盾，觀點不清，結構鬆散，文辭欠通順者，得「C＋級」。

「C 級」（1~5 分）：任意臚列材料組合成篇，立場含糊，敘寫雜亂，文辭不通者，得「C 級」。

【斟酌扣分】

各題評定分數後，再視字數是否符合要求，錯別字是否過多，斟酌扣分；若未遵守作答區規定，從第二大題作答區開始寫作第一大題者，扣 1 分。

第二大題：情意感受

【題目】

二、

甲

夜飲東坡醒復醉，歸來彷彿三更。家童鼻息已雷鳴，敲門都不應，倚杖聽江聲。長恨此身非我有，何時忘卻營營？夜闌風靜縠紋平，小舟從此逝，江海寄餘生。

（蘇軾〈臨江仙〉）

乙

山居中的恬靜最使人心生歡喜，覺得充滿了幸福。但這種感覺完全是屬於我個人私己的，難以和他人分享。當深夜沉寂，偶爾會有一部卡車從山腰轟隆急馳而過，聲音在峽谷間響應激盪，久久停留，我往往就會從安寧的心緒中驚覺過來。車上至少有一個聚精會神在奔波的人，重山曲流外就是苦樂混合著沸騰的紅塵，那裡面也有著我的妻女和親友，而我卻一個人上山來獨自享受清靜。那麼，我的幸福是不是純由逃避式的懶散得來的呢？山居只是自己刻意經營的一種看似空靈其實奢侈的生活？心安理得會不會是虛幻而脆弱的？

至少，我不希望如此，因為人間是我的根本用情處。（陳列《地上歲月‧山中書》）

請回答下列問題：

甲文中，蘇軾面對夜闌風靜，意欲「小舟從此逝」，遠離塵世；乙文中，陳列則從山居中的恬靜，興發「人間是我的根本用情處」的情思，二者顯然不同。請以「靜夜情懷」為題，連結甲文或乙文的體悟，寫一篇文章抒發你對靜夜的體驗及感受。（占 25 分）

【評分原則】

第二大題要求考生連結甲文或乙文的體悟，以「靜夜情懷」為題，抒發對於靜夜的體驗及感受。

【A 等分數】

「Ａ＋級」（22~25 分）：能具體連結甲、乙文的情境，充分表達自己對靜夜的體驗，敘寫生動，結構謹嚴，文辭優美者，得「Ａ＋級」。

「Ａ級」（18~21 分）：敘寫細膩，結構穩妥，文辭順暢者，得「Ａ級」。

【Ｂ等分數】

「Ｂ＋級」（14~17 分）：能大致連結甲、乙文的情境，表達自己對靜夜的體驗，敘寫具體，結構適當，文辭平順者，得「Ｂ＋級」。

「Ｂ級」（10~13 分）：敘寫平實，文辭尚稱通順者，得「Ｂ級」。

【Ｃ等分數】

「Ｃ＋級」（6~9 分）：未能恰當連結甲、乙文的情境，敘寫浮泛，文辭不佳，或偏離焦點，文辭欠通順者，得「Ｃ＋級」。

「Ｃ級」（1~5 分）：無法掌握題旨，敘寫雜亂，文句不通，文辭拙劣者，得「Ｃ級」。

【斟酌扣分】

另視標點符號使用與錯別字多寡斟酌扣分；若未遵守作答區規定，從第一大題作答區開始寫作第二大題者，扣 1 分。[14]

可見，依大考中心公布的評分原則來歸納，應包含：1.主

---

[14] 資料來源：大考中心「109 學年度學科能力測驗 國語文寫作能力測驗閱卷評分原則說明」。

旨高度；2.篇章架構；3.材料掌握，以及 4.遣詞用語等四項。

　　針對上述四項，並要考生知道，作文是採電腦人工閱卷，大多數的評分老師，不會花太多的時間來閱卷，只有短短幾分鐘可以批改作文，根本不夠時間拆解名言佳句、修辭語法等。他們更重視的將會是：

1.文章長短：

　　越接近於寫滿紙張，越有可能滿級分，以此類推。評分老師看你寫那麼多，自然覺得你的作文相對熟練，分數就會趨高不趨低。

2.主題意識：

　　文章一破題，核心觀點要明確，才不至於文不對題，尤其是評分老師看文章的第一印象，其好壞會影響給分的高低。

3.起承轉合：

　　注意起承轉合的邏輯性、流暢性，尤其首尾是評分老師在有限的時間裏，常拿來判斷文章好壞的依據，中間部分僅大致看過而已。首起的好壞，尾結得漂亮，自然決定其分數的高低。

4.文筆流暢：

　　思路清晰是文筆流暢的關鍵，按安排的順序進行，不但可以避免寫作時離題，也可強化每個段落之間的連貫與流暢性。

5.標點符號及錯別字：

　　標點符號標示不當及錯別字之多寡，皆會斟酌扣分。

6.其他：

以正體字書寫、字跡不要潦草、卷面乾淨整潔等。

　　總體來說，基於學生書寫作文的水準不足，又要立即能改善寫作分數的情況下，我們把立場聚焦在作文書寫的技巧上，根據這樣的立場就能夠開始安排段落：

　　第一段破題（起），強調主題核心的觀點，其開頭的方法很多，包含：六要素開頭法[15]、題記開頭法、懸念開頭法、引名句開頭法、排比句開頭法、擬人式開頭法、設問式開頭法、對偶式開頭法、博喻加對仗開頭法，合用修辭開頭法、巧述典故開頭法，解題式開頭法、名人問答開頭法、詩文引用開頭法。只要考生多準備一些關於道德、學習、禮儀、愛國、美德等方面的典故、名人名言，到時候就用得上場。

　　第二段承接（承），承接上一段，對於主題核心觀點的詮釋，並善用成語典故，以增加文采。

　　第三段轉折（轉），轉折為案例說明，以突顯主題核心觀點的重要性。

　　第四段結論（合），歸納以上所論，以獲得主題核心觀點的合理性。

　　以下以 108 學年度學科能力測驗國寫作文佳作為例[16]：

15　六要素開頭法有：時間（事情發生的時間）、地點（事情發生的地點）、人物（事情發生中的人物）、起因（事情發生的原因）、經過（事情發生的經過），以及結果（事情發生後的結果）。

16　資料來源：「大考中心」，網址：
https://www.ceec.edu.tw/xmdoc/cont?xsmsid=0J071624926253508127&sid=0J109540528429024070，上網：2020 年 10 月 21 日。

第 1 大題作答區

一、
榮公對兒子的偷竊行為視而不見，因為他認為外公為人父親，懂得為外公當是一家之主，權得維持家計，照顧全家人的幸福。

二、
在這充滿著愛、情、慾的世界中，人們因互動而相識。一顆「心」在這充滿著溫暖的世界，無論在緣和了世界，那些擁有溫暖的心得以傳播。彼此互相感染，使得這溫暖的心得以傳播。

法國的大文豪雨果在《悲慘世界》中，主角尚萬強偷了教士的銀器，主教卻又再度偷竊的認定自己主動贈給他的新任教士，使他不再入獄。才能使他溫暖的心得以傳播。主教用「溫暖」的心感化了尚萬強，使他不再做出強盜之事，也認定自己是個溫暖的人。開啟溫暖的心的傳播。

這位教士用「溫暖」的心感化其他人，他贊成為他著想，那幫罪之身又需有些銀，從《悲慘世界》中，如果在最後《悲慘世界》中，我認識了覺悟的力量，也許有批評這件事情，但如果我們能夠不看這件事本身的愛情的合情合理，反而不需為怪罪或責備。因為愛情本身也沒有錯，反而為不需為怪罪或責備。

「會負責當然不對，但會負的本身也沒有錯」，這一手之差卻分別代表著錯誤與正確。然而如果這世界人們溫暖的心和緣和如何緣的呢？因此，那開錯誤的事往往在正確的心事，因為那溫暖的心和如何緣的樣。

第一輯　輕鬆學好作文

※國小水平

第一單元　下課十分鐘

（一）寫作引言

　　　　鈴聲一響，終於可以下課，心情是多麼愉快啊！下課雖然只有短短的十分鐘，卻可以運動、玩遊戲、買文具、吃東西、寫作業、溫習功課、小睡片刻……操場中、水池邊、走廊上、合作社裡……到處充滿了同學們的歡聲笑語，十分的熱鬧。

　　　　下課的時候，你做什麼？

（二）寫作指南

1. 「噹！噹！噹！」令人期待的下課鐘聲，傳遍校園每一個角落。

2. 老師有沒有立即下課？如果沒有，原因是什麼？

3. 下課了，你們是怎樣離開教室？是匆匆忙忙，還是爭先恐後？

4. 你和班上的同學在哪裡玩？操場或籃球場？

5. 玩什麼遊戲？「紅綠燈」、「瞇瞇眼」還是「躲避球」？請將遊戲情形寫出來。

6. 大家玩得盡興嗎？

7. 校園裡，哪些地方同學較多？操場、走廊、合作社、圖書館，或其他地方？

8. 同學們在那些地方做什麼，玩什麼遊戲，做什麼運動？熱鬧嗎？

9.　教室裡的情形如何？同學在做什麼？

10.無情的上課鐘聲響起，你的心情如何？

11.大家聽到鐘聲的反應是怎樣？有什麼動作？

12.同學們以什麼的速度回教室？

13.你對下課有什麼感想、建議？

（三）寫作錦囊

鬧烘烘　急急忙忙　一窩蜂　脫韁野馬　懶洋洋　垂頭喪氣　風馳電掣　透不過氣　興高采烈　休息片刻滿身大汗　筋疲力盡　人潮洶湧　你捉我躲　大排長龍追逐嬉戲　鴉雀無聲　喧譁吵鬧　迫不及待　不分彼此來匆匆去匆匆　休息是為了走更遠的路

（四）佳作欣賞

下課十分鐘／林美芳

　　距離下課時間還有五分鐘，老師仍然在講臺上滔滔不絕、口沫橫飛的講個不停，但是我的心早已飛到九霄雲外了。

　　「噹！噹！噹！」渴望已久的鐘聲，終於響遍了整個校園。同學們向老師敬禮之後，就迫不及待的往教室外飛奔而去。有的同學甚至因為衝速太快，又不僅得互相禮讓，當場摔得四腳朝天，模樣真是滑稽。

　　此時放眼望去，操場上人山人海，到處充滿了歡聲笑語。有的忙著玩貓捉老鼠，你逃我捉；有的賣力練習投籃，汗水淋漓，好像是「灌籃高手」似的；有的玩躲避球，吶喊聲此起彼落；有的互不相讓，搶著溜滑梯……

每一個同學都玩得興高采烈，不亦樂乎。

　　當然，還有一個「觀光據點」是不可錯過的，那就是廁所。提到廁所，才猛然想起我的「石門水庫」快爆炸了。一溜煙到廁所前面，想不到竟然大排長龍，擠得水泄不通。這會兒可不像是去合作社，可以選擇買或不買，只好硬著頭皮，咬緊牙關撐下去。

　　「泄洪」完畢後，渾身舒暢。瞥見不遠的池塘裡，有好幾朵紫色的睡蓮正迎風招展，美麗極了。正當我看得入迷時，遠處傳來「噹！噹！噹！」無情的上課鐘聲。每個同學臉上的笑容頓時化為烏有，垂頭喪氣的走進教室。原本喧鬧吵雜的校園隨即恢復了平靜。

　　下課的時光雖然短暫，卻為每個同學帶來無比的歡樂。俗話說：「休息是為了走更遠的路。」我們可要好好珍惜這短短的「下課十分鐘」啊！

（五）參考題目

1. 下課後
2. 下課時分
3. 愉快的下課時光
4. 下課鈴聲
5. 自擬相關題目

第二單元　我這個人

（一）寫作引言

　　我們常聽人說：「其實，你不懂我的心。」然而，說這話的人懂自己的心嗎？「當局者迷，旁觀者清」，要將自己客觀翔實的描述，可不是一件容易的事。各位同學在寫作，千萬不可寫得太呆板，例如：我叫王世華，今年十二歲⋯⋯

　　介紹自己，可由自己正做某件事，或是從「綽號」、「近況」開始寫起。

（二）寫作指南

1. 介紹你和家庭狀況，如姓名，家在何處，在家排行老幾，有哪些家人，身高體重有無特殊的地方，或有沒有綽號；如有綽號，喜歡那個綽號嗎？

2. 描述你的近況，如考試成績如何，最討厭什麼科目，最擅長什麼科目，或身體近況。

3. 你的興趣是什麼？集郵，打電動玩具，看課外書，或是其他的興趣？

4. 你喜歡的運動是什麼？打籃球、桌球、羽毛球、慢跑，或是其他的運動？

5. 最喜歡什麼娛樂活動，為什麼？

6. 回憶過去，最令你印象深刻的是哪一件事情？請簡單的記敘。

7. 展望未來，你將來想當什麼？科學家、軍人、教師、音樂家、運動家、警察，或其他的行業？原因是什麼，

要如伺達成？

8. 最常和你在一起的朋友是誰？你們如何相處？

9. 自己的優點、缺點是什麼？優點需要繼續保持，缺點要如何改進，請具體描述。

（三）寫作錦囊

騰雲駕霧　脾氣暴躁　得意非凡　逍遙自在　各行各業
貢獻人群　緊張刺激　渾水摸魚　陶冶性情　林林總總
不可勝數　不可思議　洋洋灑灑　目瞪口呆　炯炯有神
百看不厭　玉不琢不成器　陶醉在美妙的音樂中　增進
思考的能力　健康是最大的財富　迅雷不及掩耳

（四）佳作欣賞

我這個人／林美芳

你踏進我的房間，一定看見林林總總、不可勝數的各類書籍。我叫林美芳，從小就喜歡與書為伍。

我出生於書香之家，有位熱愛天文、關心自然生態的爸爸，和喜歡雲遊四海、接近大自然的媽媽。就因此，我從小便養成喜歡閱讀及與大自然接觸的興趣。

記得有一次上自然課，老師分組後，要我們在顯微鏡底下觀察各種生物細胞的組織，並且交心得報告。我經過分析、記錄後，洋洋灑灑寫了長篇的心得報告，同學們無不看得目瞪口呆。

我有一個最大的缺點，就是不喜歡運動。由於從小就體弱多病，體育成績不堪入目，因此，爸、媽常告訴我：「健康是最大的財富。有健康的身體，才能從事自己

熱愛的興趣，完成自己的願望。」經過爸、媽的開導，升上三年級後，我就開始嘗試運動。不久，果然覺得身體狀況一天比一天好。現在的我，比以前更懂事。希望能更上一層，改進缺點，保持優點，做一個父母、師長心目中的好孩子。

（五）參考題目

1. 我的自述
2. 向你介紹我
3. 大家眼中的我
4. 或自擬相關題目

第三單元　給○○的一封信

（一）寫作引言

　　同學們，你有寫信的經驗嗎？當你收到好朋友寄來的信，心中是否雀躍不已？寫信不但可以聯絡感情，而且可以達到練習作文的目的，真是一舉兩得。

　　如果心中有許多話想一吐為快，可是對象已經不存在了（例如：在天國的△△），或是對方根本無法回信〈例如：動物園的猴子〉，也可以藉寫信的方式，將自己的意見、想法表達出來。

（二）寫作指南

1. 稱呼：在信的前面寫下對收信人的稱呼，稱呼後面加上冒號。例如：「親愛的奶奶：」「敬愛的老師：」「可愛的猴子大哥：」。

2. 問候語：寫在第二行起頭空兩格後的地方。例如：「最近過得好嗎？」「您好嗎？」「你好！」。

3. 正文：將心中要表達的意見，寫在這個部分。敘述要流暢，段落要分明，語意要切合自己的身分。例如想要邀請同學或朋友來家裡做客，或者是問候從前曾教過自己的老師，還是對其他事物〈如白雲、蚊子、櫻桃小九子……〉，都可以寫下來。

4. 祝福語：在正文的結尾寫上「祝」或「敬祝」的話，並在另一行最上端寫下祝福的話語，如「萬事如意」「一切順心」「闔家平安」「身體健康」……

5. 結尾署名：在信尾末行的下方，寫上自稱及名字，並

在名字下寫「敬上」或「上」。

6. 押上日期：在信末下方名字旁，寫上當時的日期。

（三）寫作錦囊

無微不至　不辭勞苦　搖頭晃腦　落花流水　神采飛揚
毫不氣餒　再接再厲　矯健身手　離鄉背井　迷迷糊糊
咳聲嘆氣　分外思念　痛改前非　萬事順遂　一路平安
一帆風順　比山高，比海深　一而再，再而三　誠摯的
祝福

（四）佳作欣賞

給櫻木花道的一封信 / 韓秋鱗

櫻木花道：

　　你好！自從你重現江湖後，不但又可見你飛揚的神采，而且也聽說你把友臺打得落花流水，真是可喜可賀！

　　雖然你常在球賽中要寶、出錯，也常被幾個損友「虧」得火冒三丈，但總在晴子的鼓勵下，馬上恢復「天才籃球員」的自信與豪情，繼續全力以赴。我欣賞你將「能控制籃板球的人，就能控制比賽」這句話，改成「能控制籃板球的人，就能控制全世界」的那份豪氣。希望你再接再厲，早日成為主宰全場的「籃板王─櫻木」。

　　對了，你不要老跟流川楓唱反調，動輒將他想像成多了狐狸尾巴或魔鬼特角的人。他表現優異，完全是徹夜練球，努力得來的。要知逸，你們是同隊，要發揮團隊力量，才能得到最後的勝利。

　　另外，NBA 的喬丹有本事向老闆談條件，而你表現

得這麼好，可跟你們電視臺主管商量，不要把你亂調時段，造成忠實球迷收視的不便。祝　一切順心！

球迷韓秋麟　敬上

78.11.5

（五）參考題目

1. 給爸爸的信
2. 寫信給在天國的奶奶
3. 球鞋給腳的一封信
4. 給白雲的一封信
5. 或自擬相關題目

第四單元　我的家庭

（一）寫作引言

　　每一個人對自己的家庭,應該是最熟悉了。下筆時,可以從家人的描述,以及家居生活的描述兩方面著手。由於這方面可供寫作的材料很多,因此,必須注意不要使文章變得瑣碎,而失去重心。

　　現在,就請各位同學將你的家人及家庭生活,具體而生動的介紹給大家知道。

（二）寫作指南

1. 介紹你的家位在何處:是在都市裡的高樓大廈中,還是紅瓦白牆的純樸鄉間?請你大致描述你家附近有什麼明顯的建築或風景。

2. 院子或陽臺有些什麼,平常都由誰打掃?可以在院子裡做些什麼?陽臺有什麼盆栽?

3. 你房間裡有什麼東西?如果晚上一個人睡覺,會不會害怕?

4. 家裡有多少人?每個人的職責是什麼?他們各自有什麼特色?請一一具體描述。

5. 全家人的生活情形又是如何?例如晚上一起吃飯時,情形是如何;有說有笑,還是其他的情形?

6. 星期天或放假時,全家人通常做什麼消遣?是郊外踏青,溪邊垂釣,露營烤肉,還是待在家裡?

7. 你的家人對你來說,像什麼?是最佳的啦啦隊員,隨時為你加油打氣,還是永遠的避風港……

8. 看看別人，想想自己，你覺得自己幸福嗎？請將「幸福」的感覺具體的表達出來。

（三）寫作錦囊

和藹可親	溫柔慈祥	手舞足蹈	吱吱喳喳	形形色色
弱不禁風	大嘆倒楣	笑彎了腰	溫馨可愛	穿梭不停
任勞任怨	縫縫補補	亂七八糟	調劑身心	快樂無比
幸福無邊	環境優美	和樂融融	老當益壯	囉囉嗦嗦
花團錦簇	綠意盎然	天真可愛	迎刃而解	浩瀚無垠
嘆為觀止	感動不已	相親相愛		

（四）佳作欣賞

我的家庭 ╱ 林美芳

　　我的家是在環境優美的社區裡，屋前有一個全家人都喜歡的花圃，花團錦簇，綠意盎然。我有個和藹可親的天才老爹，溫柔慈祥的媽媽，還有一個天真可愛又頑皮的弟弟。

　　爸爸是家裡的「萬事通」，肚子裝滿了豐富的學問。每當我課業上遇到了疑惑，他總是耐心的指導我，使我的問題都能迎刃而解。

　　媽媽有一雙靈巧的手和一股優雅的氣質－還記得爸爸曾經說過，當年就是被媽媽那獨特的氣質所吸引。另外，媽媽好像是我們家的電腦，每次我的東西不見了，只要問媽媽，媽媽一定知道放在何處。

　　弟弟長得瘦瘦小小的，卻是我們的開心果。弟弟常在晚餐後，演出「模仿秀」來娛樂大家，因此，我們對

弟弟是疼愛有加。

　　假日的時候，爸爸常帶我們到戶外郊遊、烤肉。記得有一次到合歡山上看流星雨，我和弟弟看到一顆顆劃過天際的流星，一直拍手叫好。在浩瀚無垠的星空下，我們見證了「獅子座流星雨」的美麗，感動不已。

　　我有一個這麼溫馨的家庭，深深覺得好幸福。我愛我的家庭，愛我的爸爸、媽媽和弟弟，且以我的家庭為榮。

（五）參考題目

1. 我的家庭真可愛
2. 可愛的家
3. 歡樂家庭
4. 避風港
5. 自擬相關題目

第五單元　我的第一次

（一）寫作引言

　　人生最深刻的回憶，都是無數個第一次串成的。第一次學走路、第一次叫「爸爸」、第一次上學、第一次參加比賽、第一次拔牙……第一次的經驗，充滿了無限的期待、興奮、害怕與欣喜。請各位同學將令你印象深刻的第一次，靈活生動的描述下來。

（二）寫作指南

1. 第一次做哪件事情？拔牙，演講，參加美術比賽、賞鳥活動，或是其他？

2. 做這件事的原因是什麼？老師推薦，身體不舒服，心裡十分羨慕，或是其他原因？

3. 當你第一次從事這件事時，你的心情是如何？緊張，興奮，向上天祈禱，或是其他？

4. 事情進行的過程中，發生了哪些事情？突然忘詞，頭冒冷汗，雙腿不聽使喚，痛得快昏過去，或是其他的情況？

5. 你如何解決這些事？以不變應萬變，做深呼吸，一直保持微笑，或是其他方式？

6. 當時，有其他的人嗎？他們的反應是什麼？

7. 經過這件事情，你的感受是什麼？鬆了一口氣，痛苦得令你永難忘懷，十分興奮，或是其他的感受？

8. 你有沒有獲得其他的啟示？再接再厲，上臺容易下臺難，平日要做好身體保健的工作，或是其他的感想？

（三）寫作錦囊

心生羨慕　鼻青臉腫　壯烈成仁　椎心刺骨　如坐針氈
硬著頭皮　左思右想　高手雲集　大發慈悲　提心吊膽
七上八下　忐忑不安　胸有成竹　臉色發青　手腳發軟
再接再厲　上臺容易下臺難　萬事起頭難　一回生，二
回熟。

（四）佳作欣賞

我的第一次／林美芳

　　人的一生中，總有無數個第一次。有的第一次是新奇的，有的是高興的，有的是悲傷或緊張的。在這些五味雜陳的感覺中，就屬「第一次牙痛」讓我記憶最深刻。

　　記得有一年暑假，因為沒有課業上的壓力，所以在家過著有如帝王般的生活，每天吃飽睡、睡飽吃，尤其是大包大包的糖果、餅乾從不拒口……突然有一天，牙蟲似乎睡醒，猛啃我的牙齒，痛得我哇哇大叫，那種酸痛的感覺，讓我頭皮發麻，如坐針氈一般。

　　媽媽知道了以後，便趕緊帶我到牙科醫院求診。在等候的過程中，耳邊傳來陣陣醫療儀器發出的「ㄍㄧㄧㄍㄧㄧ」聲，霎時，我萌生退意，想一走了之；然而，就在此時，護士阿姨正高呼我的姓名，我只好硬著頭皮乖乖坐在看診臺上等候，那種心情真是難以形容啊！

　　該來的還是要來，終於輪到我了。雖然醫生伯伯笑臉迎人，要我放輕鬆別緊張，但是我始終笑不出來，還委婉告訴醫生請他發發慈悲，手下留情……不知道是我

太緊張，還是醫生的技術高超，過不了多久的時間，這場如臨大敵的緊張氣氛結束了。醫生告訴我，只是一般的蛀牙，治療幾次就沒事 ，並要我養成少吃零食、多刷牙漱口的習慣，以預防蛀牙再度發生。

　　從原本的忐忑不安到最後的如釋重負，心情真是霄壤之別。第一次的牙痛經驗，讓我深深體會到「預防勝於治療」是十分重要的，因此，從那一刻開始，我就積極保健自己的牙齒，不讓蛀蟲有任何可乘之機。

（五）參考題目

1. 難忘的第一次
2. 第一次做的事
3. 第一次的啟示
4. 或自擬相關題目

第六單元　日記一則

（一）寫作引言

　　日記是日常生活的紀錄：只要是一天當中，令你印象深刻，值得回憶的事情，都可以成為寫作的題材。

　　日記的體裁沒有拘束，可以單純描述事件的經過，也可以抒發自己的情感，但是，千萬不要記錄無意義的流水帳，以免浪費精神和時間。

　　寫日記能為自己留下美好的回憶，增進寫作能力，培養恆心和毅力，好處很多。

（二）寫作指南

1. 擬定題目：回想當天，在學校或是家裡，所發生印象深刻或值得回憶的事情，擬定一個題目，以便掌握題旨，容易發揮。

2. 註明年、月、日、星期幾、天氣等資料，提供將來回憶時參考。

3. 在學校，有沒有值得一提的事情？教室裡發生的趣事，同學間交往的情形，校外教學活動，或旅行中的所見所聞？

4. 回到家裡以後，家人相處的過程，或和朋友聊天的內容，家中景物的變化，天氣的情況，未來的計畫，心中的祕密及夢境？

5. 社會上發生的事情，國內外的頭條新聞，特別紀念日的慶祝活動，或民俗節日的慶典過程。

6. 第三項到第五項，都是寫日記的題材，可從中選擇最

具代表性、最生動有趣的題材，加以發揮。

（三）寫作錦囊

愁眉苦臉	包羅萬象	熱心公益	息息相關	水泄不通
目不轉睛	自言自語	怡情養性	心平氣和	鳥語花香
火冒三丈	愛不釋手	哈哈大笑	拾金不昧	全力以赴
風和日麗	密密麻麻	來龍去脈	知足常樂	不虛此行

（四）佳作欣賞

難忘的秋夜／林美芳

九十一年九月十四日　星期日　晴

再過幾天就是一年一度的中秋節，俗話說：「月圓人團圓。」不過，由於大哥服兵役，中秋節那天不能休假，因此，媽媽決定今天晚上就舉辦烤肉晚會。貪吃的我知道這個好消息，心中雀躍不已。

我自告奮勇當媽媽的左右手。媽媽決定到大賣場採購今晚的糧食。一到大賣場，放眼一看，採購的人潮洶湧，處處擠得水泄不通。還好，我和媽媽對於採購的路線早已規畫好，從容不迫的就把爸爸喜歡吃的雞腿和哥哥愛吃的魷魚、香菇、香腸……都買齊。

夜暮漸漸低垂，哥哥和姊姊不慌不忙的把桌椅、木炭、月餅和柚子都搬到頂樓，媽媽則忙著料理烤肉的材料。我興奮的跟著大人們進進出出；每一件事情對我來說，都好有趣，尤其爸爸準備生火的時候，我更是目不轉睛想一探究竟。只見老爸非常賣力的「摘風點火」，果然不一會兒工夫，就大功告成。

　　接下來，當然有請老爸在一旁好好休息。我們兄妹迫不及待的把肉片、小卷放在網子上烤，一陣濃煙把我們熏得眼淚直流。慢慢的，一陣陣撲鼻香味迷漫四周。好不容易令人垂涎欲滴的美食終於上桌，不過，因為火勢太大，有許多香腸和肉片都烤焦了。儘管如此，我們還是吃得津津有味。

　　不知不覺十一點了，桌上碗盤、果皮、筷子……一片狼藉。大家的嘴笑歪了，肚子吃得鼓鼓的。雖然今晚不是中秋夜，但是，我的心中，卻升起一輪皎潔的明月。

（五）參考題目

1. 梅雨的啟示

2. 快樂的中秋夜

3. 午餐趣事

4. 或自擬相關題目

第七單元　○○遊記

（一）寫作引言

　　從小到大，你一定經歷無數次出門旅行的經驗吧！山上海邊、國內國外，哪一個地方讓你回味無窮，永難忘懷？請你運用優美的詞句加以形容，並深入、仔細的描述，使讀者也能感同身受，一起遨遊。

（二）寫作指南

1. 出遊的地點在哪裡？搭乘什麼交通工具？和什麼人一起去？

2. 沿途的風景如何？你的心情又是如何？

3. 剛到那個旅遊地點，乍看之下，你的感受是如何？是高聳入雲的古木映入眼簾，是一望無際湖水隨波盪漾，還是偌大的摩天輪矗立眼前？

4. 那兒的景色是如何？請翔實具體形容。

5. 有沒有什麼特殊的景物？日出，雲海，森林，瀑布，湖泊，或其他特殊的遊樂設施？

6. 當地人有什麼生活習慣？風土民情，或出產什麼特產？

7. 你還去了哪些地方？請將遊覽的情況仔細描述。

8. 踏上歸途，你帶著什麼心情離開？

9. 那次的旅遊，最值得回味的是什麼？有什麼收穫或感想？

（三）寫作錦囊

風光明媚　　煙波浩渺　　舒展筋骨　　風景如畫　　綠草如茵
置身仙境　　波光粼粼　　波濤起伏　　引人注目　　依依不捨
與眾不同　　山明水秀　　調劑身心　　悅耳動聽　　應有盡有
栩栩如生　　目瞪口呆　　倦鳥歸巢　　崎嶇不平　　欲罷不能
洶湧浩瀚的雲海奇觀　　行萬里路勝讀萬卷書

（四）佳作欣賞

海濱遊記／建功國小　吳秀容

　　上個星期天豔陽高照、萬里無雲，爸爸心血來潮，說：「我帶你們去海邊玩，好不好？」大家聽了，興高采烈、手舞足蹈，非常的開心！

　　準備好東西，就坐上了爸爸最心愛的老爺車出發了。一路上，山明水秀、風光明媚，經過了九轉十八彎，終於到了我們期待已久的永安海水浴場。

　　下了車，我和弟弟飛奔到那廣大無邊的沙灘，看到那波濤起伏的大海，心中感到無比的舒暢。許許多多各式各樣的貝殼，遍布在沙灘上，琳瑯滿目。

　　此時，弟弟建議：「我們去游泳！」

　　「嘩啦！嘩啦！」我們經歷一場龍爭虎鬥的大水戰。

　　到了中午時分，每個人的肚子大唱「空城計」。回到岸上，媽媽早已準備許多美味可口的食物，令人看了垂涎三尺。

　　吃完可口的午餐，大夥休息了一會兒，爸爸說：們

來比賽堆沙，好不好？」我們異口同聲的說：「好哇！」頑皮的弟弟堆了一隻白鯨，我不甘示弱的堆了一座城堡，爸爸則堆一朵小花，恐怕是故意讓我們的吧！最後，擔任裁判的媽媽說：「成績公布，第一名吳秀容……」哇！好棒喔！剛才的辛苦果然沒有白費。

不知不覺中，夕陽西下，彩霞滿天。我們依依不捨的向大海說再見後，就「打道回府」。金黃色的沙灘上，留著我們快樂的腳印與永難忘懷的回憶呢。

（五）參考題目

1. 海濱遊記
2. 墾丁三日遊
3. 清境農場遊記
4. 北海道雪祭
5. 或自擬相關題目

第八單元　童話故事改編

（一）寫作引言

　　「童話、故事」在同學們的心目中，是一座美麗又神奇的花園。常見的童話、故事中，你最喜歡哪一個人物？故事的結局，你滿意嗎？

　　現在，請你乘上想像的翅膀，飛翔於自己的童話世界中。

（二）寫作指南

1. 先挑選一篇耳熟能詳的童話、故事。無論是白雪公主、三隻小豬、醜小鴨、仙履奇緣、賣火柴的小女孩、龜兔賽跑……都可以成為「新編童話、故事」的主要情節。

2. 改變故事中主角的個性或外貌。例如白雪公主不再是溫柔善良的女孩，而是調皮活潑，令國王、皇后頭痛的頑童；或是灰姑娘有著嚴重的狐臭。

3. 故事的配角，除了原有的人物以外，也可以加上新的配角。例如白雪公主有個精靈，常在危急的時候，幫助白雪公主一臂之力，或是賣火柴的女孩，遇到從小失散的雙胞胎姊姊。

4. 故事的背景是如何？富麗堂皇的宮殿，大雪紛飛的晚上，還是春暖花開的池塘旁邊？

5. 故事發展的時候，增加一些曲折的情節。例如賣火柴的女孩，點燃火柴時，不慎燒到自己的衣服：或者，傑克在急忙砍倒豌豆藤的時候，斧頭卻斷掉了。

6. 結局是如何？王子和公主過著幸福快樂的生活？賣火柴的小女孩快被凍死時，被好、心的路人救走，並且請她吃耶誕大餐……

（三）寫作錦囊

月黑風高	無憂無慮	暴跳如雷	接二連三	顧影自憐
花言巧語	不支倒地	美若天仙	面紅耳赤	與眾不同
傷痕累累	絕處逢生	老羞成怒	掩人耳目	捨己為人
嘆為觀止	嘔心瀝血	大失所望	張口結舌	挺身而出

（四）佳作欣賞

新睡美人／臺中國小 陳盈秀

從前有一對非常恩愛的夫妻^國王和皇后。他們結婚一年以後，皇后生下一個漂亮的公主，叫雪兒公主。

小公主一歲時，皇宮裡邀請了全國的女巫來替公主慶祝。女巫一個個向公主祝福，其中一個女巫卻詛咒：「二十年後，公主會被紡紗機刺死。」國王一聽，就叫人將全國的紡紗機燒掉。

二十年以後，雪兒公主變成了大美女，許多的王子都來求婚，可是，沒有一個王子能讓公主心動。有一天，公主不知不覺的走到皇宮的頂樓，看見了一架紡紗機，就上前去摸，然而卻沒事，因為女巫忘了施法術。女巫不灰心，就在公主的晚餐裡下毒，可惜，卻下到公主養的狗的食物中。公主一再的逃過浩劫，女巫十分生氣，心想：這樣下去不是辦法。於是，變成宮中傭人，想達一步加害公主。

　　不知情的公主掉進女巫的陷阱裡。每天，女巫不讓公主走出房門一步，三餐都給公主吃安眠藥。一個星期後，公主終於不支倒地。女巫趕快將公主抱到頂樓，把宮裡所有的人都變成石頭，並拿走宮中全部的財物。

　　數日後，公主託夢給某一國的王子，說：「我現在被關在宮裡的頂樓，請來救我。」王子醒來，卻不當一回事，每天依舊忙著國家大事。

　　有一天，王子在回來的路上，看見一座皇宮長滿了雜草，回想起那天的夢，想著：難道那是真的？於是便好奇得走入那座成了廢墟的皇宮。一到頂樓，看見一位美若天仙的公主，就馬上將她救回家。因為有王子細心的照顧，所以公主一天一天的康復起來。最後，公主變嫁給了王子，兩人從此過著幸福快樂的日子。

（五）參考題目

1. 新仙履奇緣
2. 龜兔再賽跑
3. 捷克與笨巨人
4. 或自擬相關題目

第九單元　假如我是總統

（一）寫作引言

　　同學們，你有沒有想過，如果有一天，你成為一位大權在握的校長，或是威風凜凜的董事長，甚至是日理萬歲的總統，那時候，你要怎麼做？

　　請各位同學發揮豐富的想像力與聯想力，完成這篇充滿想像的文章。

（二）寫作指南

1. 假如你是一位大權在握的總統，你的心情是如何？

2. 你覺得目前最迫切需要改進的問題有哪些？是環保問題，國防問題，兩岸問題，憲政問題，治安問題，教育問題，或是其他的問題？

3. 你認為該如何處理，才能解決眼前的問題？

4. 身為國家的領導人，是不是需要隨時隨地自我充實？你會每天抽空看書，充實自己嗎？

5. 你會從事什麼運動，來保持你的體力，以應付接踵而來的壓力？是游泳，打籃球，慢跑，打高爾夫球，或是其他的運動？

6. 你覺得自己的優點是什麼，缺點是什麼？該如何改進？

7. 你會跟各地的縣市長聯繫嗎？你會抽空下鄉和人民接觸，聽聽民眾的心聲嗎？

8. 經過你的努力後，國內的治安有沒有好轉，人民的生活有沒有改善？

9. 任期屆滿後，你想連任嗎？原因是什麼？

（三）寫作錦囊

志向遠大　奮鬥不懈　位居高官　忙裡偷閒　引以自豪
日理萬機　學問淵博　輕鬆自在　仔仔細細　笑容滿面
全民愛戴　不分晝夜　不辭辛勞　竭盡心力　明查暗訪
風風雨雨　有目共睹　每下愈況　日益嚴重　當務之急
嚴刑峻法　非作歹　以身試法　以身作則　萬丈高樓平
地起　一分耕耘，一分收穫

（四）佳作欣賞

假如我是總統／林美芳

　　「總統今天訪問尼加拉瓜，受到當地民眾熱烈的歡迎。」電視傳來總統訪問友邦國家的最新消息，頓時心中閃過一個念頭：假如我是總統，那多好啊！

　　假如我是總統，我一定積極改善全民的生活。雖然臺灣的經濟發展是世人有目共睹，但在積極發展經濟的同時，我們生活的環境卻每下愈況；而治安的問題也日益嚴重，婦女朋友深怕夜歸時，成為色狼攻擊的目標。同學們也擔心著不知哪一天將成為「白曉燕第二」。因此，當務之急，我要改善社會治安，制定嚴刑峻法。例如只要是殺人、綁架，一律求處死刑，不讓這些為非作歹的人，存有絲毫僥倖的心理，而以身試法。

　　假如我是總統，我要落實「環境保護」的政策，並且以身作則，帶動全體國民，一起動手做好資源回收和垃圾分類。臺灣是個地狹人稠的地方，如果不注意垃圾

的處理,總有一天,美麗的寶島將會被惡臭的垃圾淹沒,因此,這項工作務必徹底執行。要是每個家庭都從本身做起,不但能幫助國家解決垃圾的危機,同時也維護好自己的生活環境。

假如我是總統,我將會盡己所能,做更多對國家、人民有益的事。我希望全體國民能共同配合,團結起來共同打拚,使中華民國變成民富國強的國家。

(五)參考題目

1. 假如我是校長
2. 如果我是爸爸
3. 我是小學老師
4. 環保署長換我當
5. 自擬相關題目

第十單元　下雨了

（一）寫作引言

　　「雨」是我們最常見的自然現象。有夏日午後驟然而下的西北雨，有陰霾密布的傾盆大雨，有詩意浪漫的濛濛細雨……

　　你喜歡下雨嗎？下雨時的景物和平時有何不同？請各位同學用敏銳的觀察力，仔細描述你眼中的雨景。

（二）寫作指南

1. 下雨之前，天空有什麼變化？烏雲密布，狂風大作，雷聲隆隆，或是其他現象？

2. 過了多久才下雨？雨勢怎樣？很大還是很小？

3. 你能以比喻的方式，將雨景具體的描述出來嗎？像一顆顆斷線的珍珠，傾盆而下的大雨，或是其他的比喻？

4. 這時候，街上的行人或其是反應是如何？正在遊戲的同學們及晾好衣服的媽媽，有什麼反應？

5. 街上的行人是否撐起雨傘繼續走？騎士們是否換上了雨衣？

6. 沒帶雨具的人怎麼辦？在騎樓下等，或搭計程車離開？

7. 街上的雨景是如何？花草樹木是否在雨水的洗禮下，變得煥然一新？街道在雨水的沖刷下，顯得更乾淨了嗎？

8. 你喜歡雨中的景色嗎？為什麼？下雨時，你怎麼打發

時間？

9. 這場雨下了多久？雨後的景致變得怎樣？山更輕，草更率，花朵更鮮豔繽紛？

10. 雨後，有出現美麗的彩虹嗎？描述一下看到彩虹的感覺。

11. 對「雨」有什麼感想？喜歡或討厭？請將理由敘述出來。

（三）寫作錦囊

蔚藍天空	水泄不通	陰霾密布	劃破天際	濛濛細雨
傾盆大雨	呼嘯而過	水花四濺	狼狽不堪	氣急敗壞
煥然一新	晶瑩剔透	一掃而空	生氣盎然	朝氣蓬勃
嘆為觀止	美不勝收	淅瀝嘩啦	小心翼翼	詩情畫意
天有不測風雲				

（四）佳作欣賞

下雨了／龍峰國小　賴冠霈

打開窗口，炎熱的夏風拂面而來，真是熱死了。抬頭一看，蔚藍的天空像極美麗的藍寶石。「媽！快一點啦，否則遊樂場一定擠得水泄不通。」哎！媽媽鄭優哉的打扮自己，一會兒化妝，一會兒照鏡子，好像非得扮成仙女下凡才肯罷休。害得爸爸來回直踱步，嘴裡不停的「碎碎念」。

「糟了！」一轉眼，沒想到天空突然烏雲密布，不時挾著一道銀色電光，劃破灰暗的天空。「轟隆」一聲響雷，接著傾盆大雨即自天而下。溫度突然變得好冷，害

我牙齒直打顫呢。頑皮的雨滴時大時小的灑落大地。雨水打在屋頂上，滴在窗口邊，不斷的發出「叮叮咚咚」的聲音，好似演奏「夏日狂想曲」。雖然下雨，我們興致卻不滅，撐著傘出門。

　　「可惡！」不知道哪個機車騎士呼嘯而過，濺起水花把媽媽心愛的洋裝濺得髒兮兮，媽媽不由自主的叫了出來。騎樓下，站滿了被淋成落湯雞的路人，渾身溼答答的，真是狼狽不堪。

　　不知道過了多久，雨終於停了，太陽又露出了微笑。遠山煙雨濛濛的，大地有著煥然一新的感覺。路旁不知名的小花，花瓣上閃動著一顆顆晶瑩的水珠，真是可愛。天邊一道彩虹跨過天空，有如七彩橋，美得令人嘆為觀止。

　　下雨天真好！不僅洗滌了大地，更使萬物如新，變得生氣盎然，朝氣蓬勃。下雨天真好！

（五）**參考題目**

1. 雨中即景
2. 雨中的校園
3. 下雨天，真好
4. 自擬相關題目

作文書寫技巧

第十一單元　我的○○

（一）寫作引言

　　日常生活中，我們會接觸許多人，有爸爸、媽媽、老師、同學、朋友，這些人當中，哪一個最令你印象深刻？他們有什麼嗜好，有什麼習慣，請生動、詳細的描述出來。

（二）寫作指南

1. 他的外貌是什麼樣子？身材是如何？長髮，短髮，還是禿頭？他有什麼明顯的特徵？

2. 他的年紀是多大？住哪裡？從事什麼工作？他和你是什麼關係？

3. 他有哪些習慣？常在大庭廣眾下大聲打呵欠，或坐在椅子上腳抖個不停，還是習他習慣？

4. 他有什麼嗜好？打籃球，種種花，養養鳥，下棋，唱歌，或是其他的休閒活動？

5. 他的個性如何？是開朗、活潑，還是憂鬱、保守？

6. 平日喜歡哪種穿著？喜歡穿西裝打領帶，還是一身休閒服，或是酷愛穿牛仔褲？

7. 他曾經做過哪些事情，令你印象深刻？

8. 你和他相處的情形是如何？

9. 你覺得他為人處世怎樣？在親朋好友或是同學的眼中，是個什麼樣的人？

10. 他還有什麼優點值得你學習？

（三）寫作錦囊

高高瘦瘦	英俊瀟灑	嚴肅拘謹	和藹可親	盡心盡力
言行舉止	盡其所能	絕不拖拉	笑逐顏開	喜形於色
愁眉不展	慢條斯理	口齒清晰	學問淵博	自我充實
幽默風趣	日益精進	脾氣溫和	熱鍋上的螞蟻	

（四）佳作欣賞

我的爸爸／林美芳

　　是誰把我撫養長大？是誰在我無助的時候，伸出溫暖的雙手讓我依靠？是他，我的爸爸。爸爸長得高高壯壯，頭髮烏黑亮麗，還有一對靈活有神的大眼睛，是一位英俊挺拔的好父親。

　　爸爸今年三十八歲，是一個商人。每天一大清早就開著貨車，載著男女老少都喜歡的衣服到市場賣。直到太陽下山時，他才拖著疲憊的身軀回家。雖然他工作十分的辛苦，但是，不曾聽他說半句怨言，他總是為了全家人默默的付出心力，希望家人能生活得快樂、幸福。

　　爸爸親切隨和，平易近人。他有一顆慈祥又善解人意的心，每當我受到挫折、委屈的時候，他總是不斷的鼓勵我，安慰我：「不要太在意，也不要鑽牛角尖，沒有人是十全十美的。」爸爸的話就像是一帖特效藥，使我很快的就把煩惱拋到九霄雲外。

　　爸爸常常對我說：「你的笑容比鑽石還要閃耀、動人，世界上沒有任何一種東西，比你那天真、活潑的笑容來得珍貴。你應該常保持微笑。」

爸爸像一座燈塔，指引我走向光明大道；爸爸更像是銅牆鐵壁建成的堡壘，保護全家人。我要奮發圖強，努力讀書，將來揚眉吐氣，光耀門楣，不辜負爸爸深深的期許。

（五）參考題目

1. 我的老師
2. 我家的「陀螺」
3. 我的籃球教練
4. 自擬相關題目

第十二單元　運動會

（一）寫作引言

　　學校一年一度的運動會，是最令人期待的。那一天，學校內外張燈結綵，司令臺前掛滿了五顏六色的彩帶，布置得花花綠綠、多采多姿。愛好運動的老師及同學們，更可以在那一天好好的大顯身手。樂聲、加油聲、吶喊聲，交織成一幅熱鬧的景象。現在，請你用生動的筆觸，將熱鬧的運動會呈現出來。

（二）寫作指南

1. 學校的運動會，通常在什麼時候舉行？校慶那一天，婦幼節前一天，或是其他時候？

2. 在運動會的前夕，會場是不是已經布置好了？參加比賽的選手是不是更緊鑼密鼓的加強練習？

3. 當天，你的心情是如何？到了學校以後，發現校園和平常有什麼不一樣？操場上、司令臺是怎麼布置？

4. 同學們心情是如何？是否穿著整齊的運動服裝？大家你一言、我一語，聊些什麼？

5. 大會開始，首先登場的是什麼？隊伍繞場，大會操或大會舞？

6. 校長或來賓有沒有致詞？大概說了什麼？希望大家發揮運動家的精神，強調「勝不驕、敗不餒」的態度，或祝福大會順利進行？

7. 你或是班上的同學有沒有參加比賽？是什麼項目？大家的心情緊張不緊張？

8. 陸續進行哪些項目？你覺得哪一個項目最精采有趣？
請深入的描述。

9. 你或同學們有沒有拿到獎狀或錦旗？成績是如何？
上臺領獎的情況是怎麼樣？

10. 運動會是什麼時候閉幕？對於那次的運動會，你有
什麼建議或感想？

（三）寫作錦囊

一年一度	五彩繽紛	揮汗如雨	艷陽高照	五顏六色
全力以赴	興高采烈	歡欣鼓舞	整齊畫一	響徹雲霄
氣喘如牛	熱鬧無比	精彩絕倫	金光閃閃	七上八下
四腳朝天	捧腹大笑	匆匆忙忙	雄赳赳、氣昂昂	勝

不驕，敗不餒　勝敗乃兵家常事

（四）佳作欣賞

運動會／林美芳

　　前天一大清早，雞未啼、狗未吠，我就起個大早，因為那天是我們學校一年一度的校慶。除了有文藝展覽外，還要舉辦熱鬧的運動會。

　　太陽公公終於露出笑臉，我和妹妹懷著興奮的心情趕到學校。才踏進校門，就看見校園內插滿了五彩繽紛的旗子，司令臺上掛滿了錦旗，五顏六色的氣球隨風飄揚，貴賓們紛紛蒞臨，使整個校園充滿了熱鬧的氣氛。

　　運動會在來賓與校長的致詞後，揭開了序幕，首先是大會舞和山地舞的表演，他們賣力的演出，博得在場觀眾熱烈的掌聲。

接下來是精采的拔河比賽，本班派出的選手個個都是身強體壯、力大如牛，因此大家都信心滿滿。就在裁判鳴槍後，我們便使出全身力氣，拚命的拉。果然，團結就是力量，我們贏得三年級組的冠軍，參賽的同學們都高興得手舞足蹈。

我還代表三年五班參加一百公尺的賽跑，雖然有些緊張，不過我會全力以赴。槍聲一響，我奮力的向前跑，結果不負眾望，榮獲第二名，得到一面漂亮的棋錦。我很開心，因為不但得了獎，還為班上爭取了榮譽，當時快樂心情，真不是三言兩語可以形容的。

這一次的運動會真是精采絕倫。同學們雖然在大太陽底下晒得跟木炭一樣，但是愉悅的心情全部寫在臉上。我告訴自己，今後要更加努力鍛鍊身體，期待明年的運動會，繼續大顯身手，為班上及自己爭取最高的榮譽。

（五）參考題目

1. 最難忘的運動會
2. 校慶那一天
3. 運動會真好
4. 自擬相關題目

第十三單元　讀書心得

（一）寫作引言

　　閱讀課外讀物，能豐富生活，增長知識，陶冶心性，拓展視野；因此，養成良好的閱讀習慣，是很重要的。

　　然而，既然是「心得」，就是指用「心」閱讀以後，所「得」到的感想，所以將讀後的感觸、想法，有條理的紀錄下來，就是基本的讀書心得。

（二）寫作指南

1. 書名：寫出書籍全名。

2. 作者：寫出書籍的作者姓名。如果是翻譯書籍，則在加上翻譯者的姓名。

3. 出處：寫出出版者的全名。

4. 大意：寫出這本書的主要旨意（中心思想），將書中內容的重點，簡單扼要的敘述出來。你可以參考這本書前幾頁的作者序或代序，即明白書中的主旨、大意。

5. 心得：這是心得報告中最重要的部分，必須分段詳盡敘述讀後的心得、感觸及啟示。書中人物的為人處世，有沒有什麼地方值得仿效學習，或是作為借鏡，避免犯相同之錯？作者哪些敘述，讓你特別有感觸，也可以詳細敘述下來。另外，書中的內容、印刷、插圖、裝訂等，也可以提出你的看法，使這篇心得報告更加完整充實。

（三）寫作錦囊

眾所周知 耳熟能詳 百善孝為先 無微不至 時有所聞 衣衫襤褸 百看不厭 引人入勝 愛不釋手 開卷有益 飽讀詩書 上知天文 下知地理 博覽群書 胸無點墨 知足常樂 懷憂喪志 精神食糧 秀才不出門，能知天下事

（四）佳作欣賞

「三十六孝」讀後感／韓秋麟

一、書名：三十六孝

二、作者：史瓊文等

三、出處：世一文化事業股份有限公司

四、大意：

二十四孝為元朝郭敬居編著，其中，王祥臥冰求鯉、郯子鹿乳奉親、黃香扇枕溫衾、老萊子戲綵娛親等孝順事蹟，較為眾所周知，耳熟能詳。

世一文化所出版之書，除重新編寫二十四孝，另外收錄十二則歷史上堪稱孝親典範的故事，集結成三冊之套書。

五、心得感想：

古人說：「百善孝為先。」孝道是一種德性，是道德的本源，也是倫理文化的基礎。

「孝順」從字面上可以簡單解釋為「孝敬」與「順從」。我們要孝敬父母親，為父母提供無微不至的照顧，就像當初父母用心呵護我們一般。另外，

也要順從父母的意思，聽父母的話，不頂嘴。翻開報紙，年邁的老人慘遭子女遺棄的消息時有所聞。看到他們吃不飽、穿不暖，行動不便，衣衫襤褸的樣子，更是令人鼻酸。社會一天比一天富裕，孝心卻一天比一天淡薄，豈不令人唏噓？

這套書所列三十六篇孝行的故事，其背景雖然發生在古代，但是「孝」的精神及內涵，卻是值得我們現代人深切的省思與體會。

（五）參考題目

1. 「海倫‧凱勒」讀後記
2. 「愛迪生」讀後感
3. 讀「中國歷代偉人」
4. 「辛巴達奇航記」讀後心得
5. 自擬相關題目

第十四單元　月夜憶友

（一）寫作引言

　　人是群居的動物，難免有交往密切的朋友。當朋友不在你身邊時，你必定不由自主的懷念他，尤其是夜闌人靜時。

　　現在，請你將那位朋友，值得你懷念的原因及你們相處的情形加以描述，寫一篇因景抒懷的文章。

（二）寫作指南

1. 夜已深了，銀白的月光灑落一地，在這樣夜闌人靜的夜晚，你想起了誰？他叫什麼名字，與你是什麼關係？

2. 你們在什麼情況下認識？他友什麼特徵、喜好，或其他令你印象深刻的地方？

3. 你們最常去的地方是哪裡？常常一起做什麼？

4. 你們相聚時，有什麼難忘的經歷，或者發生過什麼趣事、糗事，請具體的描述。

5. 其中，曾發生過什麼大事，讓你永難忘懷？

6. 後來，是什麼原因使你們分離？

7. 你們還連絡嗎？怎麼連絡？

8. 如果月亮能替你傳達訊息，你有什麼話想對他說？

（三）寫作錦囊

詩情畫意　無比沉靜　樹影朦朧　情同手足　討人喜歡
又驚又喜　大失所望　擾擾攘攘　眾望所歸　滿懷興奮

萬籟俱靜　迷迷糊糊　抱頭痛哭　嚎啕大哭　冷冷清清
朝夕相處　互助互愛　真摯情誼　聚少離多　才華洋溢

（四）佳作欣賞

月下憶友／龍峰國小賴冠霈

　　夜深了，銀白色的月光灑滿大地每一個角落，充滿著安詳與寧靜。微風輕輕吹拂，帶著一絲絲的涼意。此時，在我的腦海浮出一個人的身影……那不是王雅宣姊姊嗎？她是以前樂隊的指揮，品學兼優、才華洋溢，很受大家的歡迎。

　　「你叫什麼名字？你也敲鐘琴啊！我以前也是。我叫王雅宣。」「我叫賴冠霈。」「噹噹……」上課了，我們兩個急急忙忙從音樂教室衝出來，火速趕回教室。

　　雅宣姊姊比我大一歲，現在已經是國中一年級的學生。她是一個很優秀的學生，美術成績，常常名列前茅，不論是校內或校外的獎座，均一手包辦。在音樂方面，也不是蓋的，常常指導同學敲大鼓、小鼓、手搖鈴……真是厲害。當我有不懂的地方，雅宣姊姊總是耐心的指導我。她溫和有禮，不愧是品學兼優的好學生，深得老師的疼愛。

　　下課時，我常常和她天南地北的聊天。有時候，她也教我畫畫，或講小時候的趣事，每次都聊得很快樂。記得有一次，我們走在路上，雅宣姊姊覺得腳底滑滑的，以為是踏到水了……忽然有人「喂」一聲，提醒我們，她往腳一看，恍然大悟，急忙清洗鞋子。我鼓著笑臉，忍俊不住。原來，她踩到小狗的「黃金」了。這時候，

雅宣姊姊的臉，已經紅得像關公，低著頭一句話也不敢說呢！

　　黑夜的簾籠罩在大地，路燈斜照著窗前的小路。此時的雅宣姊姊，不知在做什麼。是否也正思念著我？如果月亮能帶我傳達心意，我想問雅宣姊姊是否健康如昔，平安快樂？

（五）**參考題目**

1. 月下懷友
2. 安靜的夜晚
3. 月夜靜思
4. 夜闌人靜時
5. 自擬相關題目

作文書寫技巧

第十五單元　媽，我好愛您！

（一）寫作引言

　　「世上只有媽媽好，有媽的孩子像個寶，投入媽媽的懷抱，幸福享不了……」同學們，當你聽到這首熟悉的歌，心中有什麼感觸？你有多久沒抱一抱媽媽？媽媽無怨無悔，為你付出，請你找個機會，向她說聲：「媽，我好愛您！」

（二）寫作指南

1. 是誰在寒夜裡、孤燈下，不眠不休的工作？是誰為了你，黑絲變白髮？是誰為了你，付出無限的關心與照顧？你可以用「反問法」，將媽媽的形象一點一滴勾勒出來。

2. 媽媽為家庭如何的付出？洗衣燒飯，整理家務，或分擔家計而早出晚歸？請一一具體描述。

3. 當你賴床時、遇到困難時、傷心難過時，媽媽是如何照顧你，幫助你，安慰你？

4. 你曾經和媽媽頂嘴嗎？為什麼？媽媽的反應及表情事如何？

5. 當你成績退步時，媽媽如何處理？當你生病時，媽媽怎麼照顧你？

6. 你和媽媽平常是如何相處？常常一起聊天、看電視，一同逛街買東西或一塊兒打羽毛球？

7. 從小到大，媽媽做了哪一件事令你印象深刻，感動萬分？

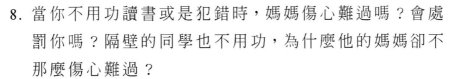
8. 當你不用功讀書或是犯錯時，媽媽傷心難過嗎？會處罰你嗎？隔壁的同學也不用功，為什麼他的媽媽卻不那麼傷心難過？

9. 「愛」要及時，機會錯失，一去不回頭。你是否應該珍惜機會，告訴媽媽一些話？請你將感想寫下來。

（三）寫作錦囊

悲天憫人	夜闌人靜	情不自禁	奄奄一息	淚如泉湧
一剎那間	驚弓之鳥	憂心如焚	往事如煙	苦口婆心
改邪歸正	品學兼優	早出晚歸	百般叮嚀	再接再厲
費盡心思	千言萬語	用心良苦	夜以繼日	無微不至

（四）佳作欣賞

媽，我好愛您！／林美芳

每當我徬徨無助時，是誰幫助我？每當我傷心難過時，是誰安慰我？誰和我一同分享快樂，憶起承擔憂愁？是您－我偉大的媽媽。

我好愛您！媽媽，您是一位偉大的職業婦女，為了幫爸爸分擔家計，總是早出晚歸，不辭辛勞，每天就像陀螺般，忙得團團轉。一大清早，就為我們全家人準備早餐，然後才趕著上班。眼見您臉上的皺紋漸漸明顯，白髮與日俱增，媽媽！您是多麼辛苦啊！

我好愛您！媽媽，每當我身體不舒服時，您那雙明亮又慈愛的眼睛，總是能敏銳的察覺到。記得有一年深秋的夜裡，我發高燒，您在隔壁房間，聽到我躺在木板床上翻來覆去的聲音，不放心的走來查看，發現我全身

發燙，您馬上帶我到醫院掛急診，回家後，還急得像熱鍋上的螞蟻，百般叮嚀我要按時吃藥，多休息。一連好幾天，您夜以繼日的照顧我，總算皇天不負苦心人，我逐漸的恢復了健康。媽媽，您是多麼疼愛我啊！

我好愛您！媽媽，當我成績退步時，您不但不生氣，還鼓勵我不要灰心，不要氣餒，要有百折不撓的精神；而當我有傑出的表現時，您更讚美我，並要我再接再厲，繼續保持。媽媽！您是多麼關心我啊！

我好愛您！媽媽，從小我就是個愛挑食的小孩，也因為這樣，身材總是比同學還要矮小。忙碌的您，不僅盡心烹調佳餚，並且苦口婆心的哄我吃飯。上學時，您更不斷吩咐我要專心，和同學相親相愛、和睦相處。媽媽，您是多麼用心良苦啊！

啊！媽媽，您是世界上最偉大的人，您的恩惠我永遠銘記在心。媽媽！我好愛您！

（五）參考題目

1. 媽，我敬愛您！
2. 我的母親
3. 推動搖籃的手
4. 自擬相關題目

第十六單元 「為什麼」故事

（一）寫作引言

　　大象的鼻子為什麼那麼長？太陽為什麼從東邊出來？海水為什麼是鹹的？這些大自然所發生的現象，都可以用科學的觀點加以分析、研究；然而，古時候的人並沒有先進的科技來解釋，於是許多精彩的神話就被流傳下來。

　　現在，請你發揮豐富的想像力，寫一篇屬於自己的「為什麼」故事。

（二）寫作指南

1. 有什麼自然界的現象，是最令你覺得有趣或好奇？兔子的耳朵，長頸鹿的脖子，月亮為什麼有陰晴圓缺，或是其他的自然現象？

2. 故事的發生是在什麼時候？盤古開天的時候，很久很久以前，或是其他時候？

3. 它原本是什麼樣子？兔子的耳朵本來是短短的，或海水原本是苦的？請你將當時的情況仔細的描述。

4. 接下來，有什麼事情發生？

5. 其中，遭遇了什麼挫折，或是經歷其他曲折的過程？

6. 後來怎麼樣了，結局是如何？請你將情節合理順暢的表達出來。

（三）寫作錦囊

天崩地裂　大吃一驚　半信半疑　手忙腳亂　物產豐富

豐衣足食　風吹雨打　天翻地覆　互不相讓　若隱若現
信以為真　山洪暴發　萬馬奔騰　扭轉乾坤　化險為夷
機不可失　自告奮勇　如願以償　安然無恙　有感而發
大發雷霆　虛有其表

（四）佳作欣賞

為什麼為有鬼怪／文心國小麥祐翔

很久很久以前，有一個人叫作「神鬼天」，他的脾氣暴躁，人緣很差，每個人都很怕他。

有一天，他走在路上，看到一群強盜搶一位夫人的物品。他走上前，強盜王看到他就說：「喂！小子，把你身上的錢交出來！」神鬼天聽了很生氣，舉起拳頭向強盜王打趣，強盜王馬上被打倒在地，其他的強盜見狀便一擁而上，向他撲去，可是，神鬼天兩三下就把他們解決了。

他救的那位夫人，原來是在保護一件東西，那件東西叫作「鬼地圖」，是一張通往「地獄」的地圖。神鬼天聽完夫人的說明，好奇的拿來看一看，上面畫著許多被處置的鬼，有的上刀山，有的下油鍋……神鬼天問夫人：「可以帶我去地獄嗎？」她說：「好是好，不過……」「不過什麼？」「你有可能回不來。」

他思考一下，勇敢堅定的說：「好！」

那位夫人帶著神鬼天到了地獄，神鬼天看到一幕幕筆墨難以形容的惡心畫面，他差點吐了出來。她帶他到第十八層，他看到一位身材高大、面容嚴肅的人，夫人竊竊私語：「他就是閻羅王。」閻羅王此時體弱多病，仍

打起精神問：「這小子是誰？」神鬼天自我介紹：「我叫神鬼天。」

　　無論是人是鬼，見到閻羅王無不嚇得屁滾尿流，四肢發軟。神鬼天過人的膽識，令閻羅王刮目相看，留下深刻的印象。閻羅王這時正想找一個接班人，他對神鬼天上下打量著。

　　閻羅王決定要測驗他，後來，神鬼天通過重重的考驗，終於成為第一千屆的閻羅王。他的脾氣依舊暴躁，管教嚴格，所以，有些鬼受不了這麼嚴格的管教，而偷跑出來，因此，我們的世界才有鬼怪。

（五）參考題目

1. 看電視
2. 論電視對學生的影響
3. 「看電視」之我見
4. 自擬相關題目

第十七單元　暑假生活記趣

（一）寫作引言

　　每當鳳凰花開得一樹火紅，最令人期待的暑假也即將來臨。在這漫長的兩個月假期裡，你是不是已經開始計畫暑假的活動呢？為了不浪費寶貴的時間，同學們更應該利用暑假的時間，好好充實自己、豐富自己的生活經驗，才不會等到暑假過去了，才發現自己已經錯失了大好的學習機會。

　　所以，請同學們針對暑假擬定一個計劃，並且詳細切實的描寫出來。

（二）寫作指南

1. 暑假到了，你們的心情是怎麼樣呢？滿心期待？興高采烈？愁眉苦臉？歡天喜地？還是一則以喜，一則以憂呢？

2. 放暑假了，你通常都在做什麼事情？你要如何善用你的時間呢？

3. 你有什麼計畫和目標呢？學習游泳？練習舞蹈？參加夏令營？出國旅遊？請你分別具體的描寫出來。

4. 除了學習才藝，以及參加戶外活動以外，你會不會幫爸爸媽媽的忙，你做了那些事情？掃地？洗碗？幫爸爸搥背？還是倒垃圾呢？或者幫忙爸媽看店、做生意呢？

5. 過去的暑假裡，令你印象最深刻的趣事是什麼？請把當時的情形寫下來。

6. 你們在暑假中學到了什麼？或是有其他特別的經驗嗎？學會觀察植物種類？研究昆蟲的生態？學會游泳？還是交到新朋友呢？

7. 對於去年暑假的生活，你的感受是什麼？有什麼缺點？應該如何改進？請詳細的描述出來。

8. 暑假一年只有一次，今年的暑假，轉眼即將來到，你有什麼感想呢？

（三）寫作錦囊

千山萬水　三三兩兩　千載難逢　自吹自擂　山珍海味
山明水秀　阡陌縱橫　快快不樂　周密詳盡　迫不及待
蔚為奇觀　爐火純青　擇善而從　樂不思蜀　艷陽高照
欲罷不能　舒展筋骨　難以忘懷　多采多姿　堆積如山
興奮不已　一舉兩得　東一句西一句　你一言我一語

（四）佳作欣賞

暑假生活計畫／杜萃堯

　　「暑假到了！」讓我興奮不已的黃金假期總算來臨了。雖然這時候的心情就像脫韁的野馬一樣，恨不得拋下所有的作業，盡情的玩耍。但是我也提醒自己絕對不能又像去年一樣，等到最後幾天才來面對堆積如山的暑假作業。今年我要好好的規劃這美好的假期，讓我的暑假生活更加充實。

　　不知不覺中，腦海浮現著在海邊玩耍戲水的情景。正當我沉醉在快樂暑假的幻想中，突然一句尖銳又刺耳的話語，把我從美夢中喚醒。媽媽告訴我，已經幫我報

名了「飛虎群英探險營」。哇！真是太棒了！因為行程裡有我最愛的溯溪活動，還有野外求生訓練、觀測夏天星象等活動，真是令人期待呀！

接著，我還向媽媽要求學習其他的才藝，而「學游泳」是我今年最大的目標。因為我喜愛的活動都是屬於水上運動，但是我卻是隻標準的「旱鴨子」，所以，如果能夠利用今年暑假學好游泳的話，我就不用再羨慕別人了。

另外，我還懇求媽媽，再讓我參加「ESL 美語夏令營」，因為我非常佩服那些能說著一口流利美語的同學。如果我在路上遇到外國人問路的時候，能夠不再只是呆呆的愣在那兒，而是可以輕易的與對方交談，那不知道該有多神氣啊！

我想，今年參加了這麼多有趣的活動，一定可以讓我的暑假生活增添不凡的色彩。所以在暑假來臨前，提早做好規劃，不但可以充分利用時間，還可以豐富自己的生活經驗，真是一舉兩得啊！

（五）參考題目

1. 我的暑假計畫
2. 暑假記趣
3. 去年夏天
4. 自擬相關題目

第十八單元　〇〇的自述

（一）寫作引言

　　一看見蟑螂、蚊子，你們第一個反應是什麼呢？是不是毫不猶豫的拿出「克蟑」來場生死決鬥？

　　如果你是那隻人人喊打的蟑螂，你的心情是什麼呢？站在牠們的立場，你覺得牠們會有什麼想法呢？

　　大自然中的飛禽走獸、花草樹木、魚蝦貝類，或是青山白雲、山嵐朝露，也許它們也有話要說吧！現在，請同學們忘記自己是人類的身分，設身處地?它們著想，以「擬人法」說說它們的心情以及感受，或許大家會有更多不同的體會喔！

（二）寫作指南

1. 介紹你是什麼東西。例如：「我是一支走在時尚流行尖端的手機」，或是「我是令人聞風喪膽的眼鏡蛇」，或是……。

2. 描述出你的外表，有沒有什麼明顯的特徵？是什麼顏色的呢？從那裡來的？又要去那裡？

3. 你生活在什麼環境？在熱鬧的都市？還是寧靜的森林裡？

4. 你有什麼個性呢？機智過人？刻苦耐勞？認真負責？充滿自信？還是冷酷又正直呢？

5. 你每天有什麼工作？最令你印象深刻是什麼事情？請具體的描述出來。

6. 你最引以為傲的「才能」是什麼？人類對你的態度是

如何？厭惡？喜歡？痛恨？關懷？

7. 面對大自然的改變，你做了什麼準備？你的心情是如何？

8. 你有什麼缺點？應該如何改進？

9. 你對人類有什麼建議或期許？你希望人類了解什麼？不要再為了私利，扮演大自然的殺手？大家只有一個地球，是否要共榮共存呢？

10. 你要如何和人類共同相處在這片土地上？你希望能擁有一個什麼樣的環境？

（三）寫作錦囊

人見人愛	得意洋洋	義不容辭	無憂無慮	不甘示弱
忐忑不安	自由自在	高枕無憂	英俊瀟灑	手忙腳亂
閃閃發光	欣喜若狂	不顧一切	小心翼翼	游手好閒
夜闌人靜	乾乾淨淨	愁眉苦臉	提心吊膽	鼻青臉腫
夢寐以求	舒暢安適	細心呵護	天真可愛	

（四）佳作欣賞

楓葉鼠的自述／忠孝國小　四年級　韓國強

嗨！大家好，我就是人見人愛的楓葉鼠。每天都可以自由自在的玩耍，累的話就跳到軟綿綿的木屑上休息，過著高枕無憂的生活。

記得有一天，我原本在夜市裡和其他同伴在一起，後來有一個小孩看見我可愛的模樣，就把我和另一個伙伴買回家了。我懷著忐忑不安的心情來到陌生的環境，心裡有些害怕。突然，一隻巨手伸進了籠子，朝我而來。

我非常的害怕，閉起眼睛，啊！我被抓出來了，真不知道會受到什麼樣的待遇？哦，原來是小主人要請我吃向日葵種子，哇塞！我從來沒吃過這麼好吃的食物，我一直不斷的吃，幾乎是來者不拒，我還把許多向日葵種子藏在我的腮幫子裡，吃得兩頰鼓鼓的。

　　回到家裡，我高興跑著轉輪，跑啊跑，呼－好累喔！我從轉輪上跳下來跑到厚厚的木屑裡休息，那是我最溫暖的小窩。隔天早上，我醒來以後發現小主人已經幫我準備好香噴噴的食物，我立刻跑過去吃，嗯，香香脆脆的玉米好好吃喔！哇！巨手又伸進來了，「喂！小主人，你太用力了啦！」小主人的力氣實在是太大了，快把我的五臟廟給擠出來了，唉！不得已只好用咬的啦！「哇！」「碰！」小主人大叫一聲，手終於鬆開了，而我一頭摔在地上，頓時之間頭暈眼花的，分不清東西南北，只好到處亂跑。小主人手忙腳亂的把我抓起來，放回我的家裡。我急忙鑽進木屑裡，等到周圍沒有動靜，才出來和另一個伙伴玩耍。

　　我和伙伴最喜歡玩「官兵捉強盜」的遊戲，你追我跑，怎麼玩也玩不膩。過了晚上十二點，正是我們精力最充沛的時刻，我可以一口氣跑轉輪一百圈，下來之後還臉不紅、氣不喘哩！小主人好像很喜歡看我東奔西跑的，大概是我跑步的模樣太可愛了吧。

　　我知道咬小主人是不對的行為，我會再改過的。不過假如我會說話，我要請小主人能溫柔的對待我們，我們也會快樂的陪伴小主人度過一個美好的童年。

（五）參考題目

1. 會唱歌的牙刷

2. 我是一枝鉛筆

3. 書包的自述

4. 自擬相關題目

第十九單元　一次難忘的經驗

（一）寫作引言

　　人生的點點滴滴，都是無數的經驗編織而成的。全家難得出遊的經驗，參加比賽的經驗，怵目驚心的車禍現場，難忘的拔牙經驗⋯⋯。

　　當我們發生這些事情的時候，當時你的心情是不是充滿酸、甜、苦、辣、害怕、興奮或高興的情緒。現在請同學將你最難忘的經驗，以靈活有趣的筆觸，一一描述出來。

（二）寫作指南

1. 你難忘的經驗是什麼呢？演講比賽得獎的經驗？熱心助人的經驗？全家出遊的經驗？飼養寵物的經驗？或是其他令你印象深刻的經驗？

2. 是什麼原因令你難忘呢？幫助別人讓你有很大的成就感？家人難得一起遊玩？比賽得獎的喜悅？與寵物相處的愉快心情或是其他的原因？

3. 你如何獲得這次難忘的經驗？老師推薦你參加比賽？爸爸連休七天提議全家出去玩？同學突然向你求助？阿姨送你一隻小狗當作生日禮物？或是其他的原因？

4. 事情進行的過程中，發生哪些問題？第一次加比賽太緊張，導致手腳冰冷，腦筋一片空白？肚子突然劇痛難忍？擱出發的時間？小狗不吃不喝，一副無精打采的樣子？或是其他的問題？

5. 你如何來解決問題？以平常心對待？多做幾次深呼吸？吃藥休息後馬上出發？帶小狗去看醫生？或其他的解決辦法？

6. 經過這件事，你的感受是什麼？得到一個難得的比賽經驗？平時一定要注意身體健康？照顧小狗要更細心？或是其他的感受？

7. 除此之外，你有沒有發生其他的趣事或糗事，如果有，也可以描述出來喔！

8. 你有沒有獲得教訓或啟示？自己再接再厲，下次獲得更好的成績？平日必須作好身體保健的工作？照顧小動物不容易，要更用心愛護牠？或是其他的啟示？

9. 經過這件事情，對你有什麼影響呢？對自己更有自信心？還是更珍惜與家人相聚出遊時刻？讓自己更有責任感？

10. 面對這次難忘的經驗，你的感想是什麼呢？請你針對全文，提出你的感受。

（三）寫作錦囊

膽戰心驚　飛來橫禍　風和日麗　掉以輕心　迫不及待
得心應手　與日俱增　翻來覆去　百感交集　難以釋懷
滿腹心酸　忐忑不安　油然而生　再接再厲　自力更生
高手雲集　有機可乘　全力以赴　無妄之災　不虛此行
提心吊膽　興高采烈　恍然大悟　永生難忘

（四）佳作欣賞

等待／鎮平國小　五年級　黃靖喬

　　愉快的等待，使人安心；焦燥的等待，使人心急；害怕的等待，使人惶恐。九二一那天晚上，地震過後，我的肚子突然好痛。隔天，媽媽帶我去醫院，經過診斷後，醫生說我得了輪狀病毒，需要住院。我的肚子痛得很厲害，護士小姐把我抱到病床上，我很害怕，不知道要接受什麼樣的治療。

　　我耐心的等著，躺在病床上，我開始胡思亂想，越想越害怕，我真想快點睡著，不去想下一秒會發生什麼事情，雖然只是短短的幾分鐘，但是這種等待，感覺好漫長、好漫長。

　　突然布簾被拉開了，媽媽和兩位護士小姐走了進來，我嚇得真想逃走，可是兩隻腳卻像凍僵似的，一動也不動。一位護士小姐拿著點滴瓶，另一位則拿著紗布，她們把一支用管子連接到點滴瓶的針，插進我的左手臂裡，她們把我的手腳壓得緊緊的，使我動彈不得，因為非常的痛，我哭得好大聲，一位護士給我吃了一顆止痛藥，後來我就睡著了。

　　當我醒來時，我被送到六樓的兒童病房，我的病床是在病房的最裡面，可以從大窗戶看到對面公園裡，有好多小朋友正在嬉戲，有的在追逐，有的在玩溜滑梯，還有的在吃薯條。往常下午的這個時候，我都會和弟弟一起在家門口騎腳踏車，可是我現在只能漫無目的的等待出院，這種感覺令人無奈，莫可奈何。

　　我在醫院住了一個星期，好像住了好幾年一樣，媽媽和爸爸每天輪流來照顧我，有時候血會倒流，媽媽就會急得像熱鍋上的螞蟻。這次的住院，好像是一場夢，每一幅景像都拓印在我腦海裡，我永遠都會記得。

（五）參考題目

1. 難忘的事
2. 我最難忘的一幕
3. 難忘的一天
4. 自擬相關題目

第二十單元　儲蓄的好處

（一）寫作引言

　　零錢在日常生活中似乎是毫不起眼，可是匯集起來就是一筆可觀的財富，「創世基金會」就是將大家的零錢聚集起來，救助了許多瀕臨餓死的饑民。

　　所謂「聚沙成塔，滴水成河」，一點一滴的知識，可以變成智慧；朝朝夕夕的運動，可以保持健康；一元一元的儲蓄，可以累積財富。「儲蓄」是一種觀念，更是一種習慣，不管是智慧、健康或是財富，平日多儲蓄，日後就能受益無窮。

（二）寫作指南

1. 儲蓄是什麼？是中國人固有的美德？是一種好習慣？是將自己多餘的錢存起來？還是什麼呢？

2. 平日你會儲蓄什麼？零用錢？壓歲錢？獎金？健康？智慧？善行？郵票？還是其他東西？

3. 儲蓄有什麼好處呢？有備無患？有安全感？有成就感？可以做很多善事？養成節儉的習慣？準備以後升學的學費？出社會以後的創業基金？或是其他的好處？

4. 你會把錢存在哪裡？爸爸媽媽代為保管？撲滿中？郵局或是銀行裡？購買股票或基金？或是其他地方？

5. 目前儲蓄的成果是如何？存了五萬元？十本集郵冊？三張「中鋼」的股票？兩個「小豬」撲滿？請你將儲

蓄的成果描述出來。

6. 如果你還沒有積蓄，原因是什麼？買了零食、飲料？買玩具？爸爸、媽媽還沒有給壓歲錢、零用錢？還是其他的原因？

7. 倘若我們不養成節儉儲蓄的習慣，會導致什麼後果？債台高築？變成「卡奴」？急需用錢時，卻借貸無門？生活窮困、潦倒？引起社會治安的問題？或是其他情形？

8. 既然儲蓄是那麼重要，我們應該怎麼做呢？養成節儉的好習慣？控制自己購買的慾望？一塊錢一塊錢的存？將壓歲錢、零用錢交給爸爸媽媽處理？做到「當用則用，當省則省」？將收支情形記錄起來？或是其他方式？

9. 除了有形的金錢以外，對於無形的智慧、健康，是不是也要儲蓄起來？應該怎麼做呢？

10. 俗話說：「萬丈高樓平地起」，從今日起，我們是不是應該做好「儲蓄」的準備，以備不時之需呢？請你針對主題，將自己的感想寫出來。

（三）寫作錦囊

揮金如土	豐衣足食	利人利己	面不改色	左支右絀
白手起家	坐吃山空	克勤克儉	積少成多	開源節流
集腋成裘	一舉數得	滴水穿石	儉而不吝	繩鋸木斷
揮霍無度	有備無患	安和樂利	一毛不拔	民富國強
傾家蕩產	奢侈浮華	日積月累	儉以養廉	用錢如水
如願以償	大富由天，小富由儉		人無遠慮，必有近憂	

儉則家富，奢則家貧　　一分耕耘，一分收穫　　不積小錢，無以成大錢

（四）佳作欣賞

滴水成河，聚砂成塔／忠孝國小　六年級　賴建中

　　臺灣的儲蓄率在世界上已經是名列前茅，但是有些年輕的「月光族」不懂得儲蓄，只會擴張信用，揮霍無度，到頭來，因為一時的快樂，接踵而來的卻是讓人喘不過氣的負債壓力。

　　每天翻開報紙，不是偷就是搶，很多年輕人都禁不起名牌的誘惑，沒有足夠的預算，就先用信用卡買了自己喜歡的東西，每天欠著欠著，「滴水成河，聚砂成塔」結果欠了一大筆錢而繳不出來，成了所謂的「卡奴」，甚至到最後被逼上了絕路。

　　但是有些人卻很會儲蓄，像是把一個月的薪水分成一半，一半存起來，一半用在日常生活的必須支出，如果遇到突發狀況也可以把儲蓄的那筆錢拿出來急用，就不會臨時還要到處去跟別人借錢，也不會到了要還錢的時候，卻又還不出來，又要再跟別人借錢。

　　我的爸爸就是一個懂得儲蓄的人，他都把每個月領到的錢，來幫我們繳交生活費、學費、⋯⋯等，等到了月底看看還剩下多少錢，如果和預期的不一樣，下個月就減少支出多存一點錢。這樣到了退休的時候，就不用擔心沒有錢生活。

　　現在臺灣奢侈的風氣橫行，不知孕育了多少罪惡。多少人為了錢而誤入歧途，我們必須未雨綢繆，不要臨

渴掘井，所以我們要從小養成儲蓄的好習慣，才不會事到臨頭，後悔莫及。

（五）參考題目

1. 儲蓄的重要
2. 儲蓄好處多
3. 撲滿、存摺、零用錢
4. 自擬相關題目

※國中水平

第二一單元　颱風來襲

（一）寫作引言

　　臺灣由於地理位置的關係，夏、秋兩季常有颱風的侵襲。當颱風來襲時，狂風把電線吹得嗚嗚作響，將樹木連根拔起，鷹架倒塌、招牌散落……這樣滿目瘡痍的景象，相信每個人都不陌生吧！

　　現在，就請各位同學描述印象中最深刻的一次颱風景象。

（二）寫作指南

1. 你如何得知颱風要來的消息？看電視新聞氣象報導，收聽收音機，看報紙，父母、老師說的？或是其他的管道？

2. 當你知道颱風要來，心裡感受如何？很擔心，很害怕，很高興？為什麼會有這種感受？

3. 學校有什麼防颱措施？固定樹木，疏通水溝？

4. 家裡有什麼防颱措施？檢查屋瓦、門窗是否牢固，移動盆栽到適當位置，準備泡麵、乾糧、手電筒、蠟燭，或是其他的防颱措施？

5. 天色的變化如何？ 一片灰濛濛的天空，天上的雲跑得很快，或是其他的景象？

6. 颱風來襲時，外面的景色如何？狂風暴雨，樹木、天線搖晃？

7. 有沒有停電？你害怕不害怕？

8. 颱風持續多久？颱風過後，有沒有帶來更大的雨勢？

9. 颱風過境，街上的情況和平常有什麼不一樣？招牌掉落，滿地都是樹枝、落葉、垃圾，或是其他的模樣？

10. 學校或家裡有什麼損壞？該怎麼做才能將損失降到最低？

（三）寫作錦囊

憂心忡忡　　狂風暴風　　傾盆大雨　　大街小巷　　未雨綢繆
橫掃千軍　　滿目瘡痍　　心驚膽戰　　不可開交　　街頭巷尾
雷霆萬鈞　　無窮無盡　　烏雲密布　　驚濤駭浪　　東倒西歪
呼朋引伴　　驚心動魄　　風雨交加　　凡事豫則立，不豫則
廢。　　多一分準備，少一分損

（四）佳作欣賞

颱風來襲／林美芳

哇！颱風要來啦！

上星期五一大早，打開電視收看晨間新聞，得知又有一個強烈颱風即將侵襲臺灣—最快就在傍晚。我趕緊把這緊急的消息告知忙得不可開交的媽媽。

為了做防颱的準備，我和媽媽到了生鮮市場採購蔬菜水果，以及餅乾和泡麵；當然，十分重要的蠟燭、電池也是在採買的名單中。

回到家以後，看見爸爸和哥哥已經把堵塞的水溝清理乾淨。爸爸說：「颱風會帶來豐沛的雨量，因此，良好、通暢的排水系統是很重要的。」希望我們如此用心的做

各項防颱措施，能將損失降到最低。

　　當天晚上，門外狂風怒吼，大雨傾盆而下。突然間，「碰」一聲巨響，原來是對面的招牌掉下來了。「啊！停電了！」妹妹驚聲尖叫。幸好，我們早已有了萬全的準備手電筒和蠟燭。哥哥打開收音機，關心颱風的最新動態。

　　隔天，我們幾個小蘿蔔頭一起床，便撐著傘好奇的到街上一探究竟。招牌、樹枝散落一地，四處一片狼藉，兩旁的行道樹被連根拔起，一輛汽車的車窗被花盆擊碎，場面真是慘不忍睹。

　　雖然天災不能避免，但是我們卻可以讓不必要的傷害降到最低。俗話說：「多一分準備，才能減少一分的損失。」因此，當颱風來襲前，我們要做好萬全的準備，防範於未然。

（五）參考題目

1. 颱風夜

2. 可怕的颱風

3. 颱風來了

4. 或自擬相關題目

第二二單元　我喜好的事物

（一）寫作引言

　　每一個人，都有他所鍾愛的事物。請你選擇幾件不同的事物，並且將它們令你喜歡的特點或原因加以描述。另外，也說明這些事物能帶給你何種愉快的心情。若能把握這些原則，一定可寫出層次分明、結構嚴謹的文章。

（二）寫作指南

1. 先說明你是什麼個性。個性是否影響你的喜好？例如：我的個性外向，比較偏好動態活動……」，或是「我的個性雖然內向，但不論動態或靜態的事物，我都喜歡……」。

2. 列舉兩、三樣你所喜歡的事物，例如園藝、音樂、故事書，觀賞夜景、看電影，收集鉛筆、郵票……

3. 敘述喜歡第一樣事物的原因。這樣事物有什麼特色？

4. 第一樣事物和你有什麼情感？

5. 說明喜歡第二樣事物的原因。這樣事物有什麼特色？

6. 第二樣事物和你有什麼情感？

7. 描述喜歡第三樣事物的原因。這樣事物有何特色？

8. 這樣事物又與你有何情感？

9. 這些事物對你有何啟示？例如：我最喜歡數學了，雖然有時候會遇到很難的題目，可是就像小河遇到大石頭，歌聲會唱得更大聲。我也要向小河一樣，愈遇到困難，愈要勇往直前。

10. 你是否會留心身旁的事物，接近它，欣賞它，並且

體會更多的啟示？

（三）寫作錦囊

精神糧食　滋潤心靈　渾然忘我　樂此不疲　蓬勃朝氣
良師益友　受益無窮　安詳寧靜　高潮迭起　回味無窮
星光燦爛　反璞歸真　心曠神怡　民風淳樸　炊煙裊裊
高風亮節　典雅端莊　開卷有益　三更有夢書當枕　　非
筆墨所能形容

（四）佳作欣賞

我喜好的事物／林美芳

　　我的個性雖然內向，但不論是動態或事靜態的事物我都喜歡去了解與學習。

　　我喜歡種花。由於爺爺平日把家裡的花園整理得乾乾淨淨，久而久之，在「耳濡目染」下，我也漸漸喜歡「拈花惹草」，常利用課餘的時間，陪爺爺到花是認識更多的花草，以及栽種盆摘的技術。

　　我喜歡書。書是我的「精神糧食」。俗話說：「書中自有黃金屋，書中自有顏如玉」。書是知識的泉源，更是啟發智慧的寶庫。讀一本好書，就如同結交一位良師益友，受益無窮。閒暇時，如果可以閱讀一本好書，那將是我最快樂的一件事。

　　我喜歡運動。有健康的身體，才有美好的未來，因此，遲動對身體健康很有幫助。我和哥哥常常利用假日，帶者羽毛球到學校的操場一較高下。兩人全神貫注，只見羽毛球「咻、咻、咻」的飛來飛去，你來我往，互不

相讓，雖然汗流浹背，但也從中獲得樂趣，過癮極了！

　　我所喜好的事物，都是唾手可得的事物，不必花大錢，卻能豐富我的生活。

（五）參考題目

　　1. 我最喜歡的事物

　　2. 浮生二、三事

　　3. 我所愛的事物

　　4. 或自擬相關題目

第二三單元　我最懷念的人

（一）寫作引言

　　看到一張泛黃的相片，聽到一首熟悉的歌曲，瞥見一個兒時的玩具……勾起了你的回憶，讓你想某個人；那個人，就是你最懷念的人。他是一個什麼樣的人，現在在哪裡？請你將思緒倒回過去，寫一篇喚起回憶的文章。

（二）寫作指南

1. 什麼原因讓你想起那個人？一張相片，一個似曾相識的人，一首歌，一張卡片，還是其他原因？

2. 他是怎樣的人，請你先簡單的介紹。

3. 什麼機會讓你們相處在一起？放寒假、暑假時，平時？在你家，他家，還是其他地方？

4. 你們相處的情形是如何？下棋、聊天，到風景名勝遊玩，還是其他情形？

5. 你們到過哪些地方，做了哪些有趣的事？其中，最令你印象深刻的是哪一件事情？

6. 他現在在哪理，做什麼，過得好嗎？

7. 而今，你的情形是如何？你們有沒有再聯絡？

8. 你在什麼時候總會想起他？夜闌人靜時，傷心寂寞時，夢醒時分，還是其他時候？

9. 你希望再和他見面嗎？想要對他說什麼？對他有何期望和祝福？

（三）寫作錦囊

不知不覺　映入眼簾　形影不離　如漆似膠　嘻笑打鬧

十分快活　和樂融融　語帶哽咽　天人永隔　放聲大哭

晴天霹靂　垂頭喪氣　不亦樂乎　一顰一笑　歡聲笑語

由衷之言　田裡有你我的汗水　沙灘有你我的足跡

不禁感嘆時光的無情　溪邊的楊柳迎風搖曳

（四）佳作欣賞

我最懷念的人／林美芳

收音機傳來一陣陣熟悉的歌聲：「如果你是朝露，我願是那小草……」勾起了我心痛的回憶，想起我最懷念的人－表妹美青

美青有一頭烏黑亮麗的秀髮、水汪汪的大眼睛，還有一張蛋型臉。長得清秀美麗，人見人愛。每到暑假，姑姑就會帶著美青和表弟到家裡玩。

美青從小生長在繁華的都市裡，因此，一來到鄉下，看見綠油油的稻田、潺潺的小溪，總是驚嘆不已。我們一同去釣青蛙、捉蝌蚪、打水仗……大夥玩得不亦樂乎。有時，鄰居的黃大哥會教我們唱歌。其中，如果是我和美青最愛唱的歌，有時一連唱好幾遍，也不覺得厭倦哩！

有一天，我放學回家，媽媽語帶哽咽的告訴我，美青在上學途中，被喝得酩酊大醉的貨車司機撞死了。聽到這個噩耗，真是晴天霹靂，我一句話也說不出來，不敢相信這竟是事實。想起前不久，大家還興高采烈的一起玩，而今卻是天人永隔，不禁悲從中來，放聲大哭。

雖然事隔多年，但是，美青的一顰一笑、一舉移動，仍深深烙印在我的腦海中。希望美青能在另一個世界，過得幸福快樂。

（五）**參考題目**

1. 睹物思人
2. 榕樹下的回憶
3. 永難忘的人
4. 自擬相關題目

第二四單元　童年往事

（一）寫作引言

　　「時光一去永不回，往事只能回味……」你還記得小時候的模樣嗎？小時候，有什麼是令你印象深刻，難以忘懷？有人認為回憶是一件既美好又感慨的事，你覺得呢？不論是酸、甜、苦、辣，請你進入時光隧道，回味你的童年往事，如何？

（二）寫作指南

1. 小時候的你，是什麼樣子？愛笑，愛哭，或愛玩？

2. 有沒有什麼東西，勾起你的回憶？一張泛黃的照片，一件舊玩具，身上的一道疤痕，或是其他的物品、事情？

3. 你來到這美麗的世界，已經多少年了？回想起童年往事，是不是覺得樂趣無窮？

4. 最記得小時候的哪一件事情？是過年過節的歡樂時光，是第一次坐雲霄飛車的刺激經驗，還是差點發生意外的驚險經驗？

5. 另一件令你印象深刻的事是什麼？是騎腳踏車時，被惡犬追得魂不附體，還是趁著媽媽不注意時，偷偷拿起媽媽的化妝品，在臉上塗塗抹抹，結果變成「大花貓」？或是其他有趣、難過的事情？

6. 爺爺、奶奶或其他的人，有沒有提到妳小時候的事情？如果有，也可以寫出來。

7. 對於這些童年往事，你有什麼感想或啟示？請你綜合

整理以後，有條理的寫下來。

（三）寫作錦囊

光陰似箭　日月如梭　白駒過隙　樂趣無窮　多采多姿
汗如雨下　驚險刺激　時光倒流　羊腸小徑　慌慌張張
哄堂大笑　熱淚盈眶　美不勝收　義不容辭　善男信女
載歌載舞　糗事一籮筐　人生一大樂事　童年的生活真
有趣　真希望回到可愛的童年　歲月匆匆，再也不回頭

（四）佳作欣賞

童年往事／林美芳

　　光陰似箭，日月如梭，多彩多姿的童年雖如流水般，一去不復返，但是，那些童年時候的歡樂景象，卻深深烙印在我的腦海，難以忘懷。

　　記得小時候，我和弟弟最喜歡回外婆家，因為鄉下有很多驚險刺激的事情等待我一一去發現、嘗試。有一天，大表哥帶我們幾個小傢伙到綠油油的稻田裡釣青蛙。首先，我們把滑溜溜的蚯蚓當餌，用線綁在竹竿上，然後人手一竿，一行人浩浩盪盪的在田埂上下竿。這時候，二表哥的釣竿有動靜了，他小聲的對大家說：「是一隻大青蛙喔！」他奮力一拉，結果鉤起了一條水蛇，把我和表妹嚇得哇哇大叫，表哥們卻在一旁捧腹大笑。

　　小時候，除了玩之外，就是吃東西了。表哥們常會帶我們到已經收割完的田野上烤番薯。想要烤出香甜可口的番薯前，一定要先把田裡的土塊堆得像一座高塔，接著利用稻草、樹枝把土塊燒紅，最後才把番薯丟進去

烤。在等待番薯出爐那段時間，我們在田野旁的大榕樹下跳格子、說笑話；有時，天生愛表演的小妹，還會載歌載舞來一段即席的模仿秀，把大家逗得哄堂大笑。不久，空氣中飄來陣陣番薯烤熟的香味，令人垂涎三尺。我們七手八腳將番薯挖出來，大夥都吃得津津有味，不亦樂乎。

童年的歡樂、糗事一籮筐，那是我一生中最逍遙、最無憂無慮的時光，因此直到今天，仍然記憶猶新，令人回味無窮。

（五）參考題目

1. 往事只能回味
2. 我的童年生活
3. 小時候的我
4. 憶兒時
5. 自擬相關題目

第二五單元　四季

（一）寫作引言

一年四季，春夏秋冬各有不同的景象呈現。

當四季更迭時，你是如何察覺到？氣溫，日曆或街景？請你掌握四季不同的特性，充分用「擬人法」及「譬喻法」，將四季呈現出來。

（二）寫作指南

1. 大概介紹四季的狀態，作一個簡明扼要的開頭。你喜歡四季嗎？

2. 春天是個偉大的指揮家，嬌滴滴的姑娘，慈母的雙手，或呱呱墜地的小娃兒？

3. 有什麼景象？生機盎然，鳥語花香，百花盛開，蝴蝶與蜜蜂翩翩飛舞，或其它的景象？

4. 夏天像個燃燒的大火球，活力充沛的頑童，或火力全開的烤爐？

5. 帶來什麼景象，除了戲水弄潮的人們，豐富美味的水果，閃閃爍爍的螢火蟲，還有什麼？

6. 秋天是個浪漫的畫家，鬱鬱寡歡的詩人，或歡慶豐收的季節？

7. 有什麼特別的景象？將楓葉染成紅色，秋風帶來陣陣的涼意，藍天白雲、秋高氣爽，還是其他的景象？

8. 冬天是個無家可歸的野孩子，冷酷無情的老人，或大型鉋冰機？

9. 它帶來什麼情景？寒風刺骨、寒意逼人，或呼呼的北

風，白茫茫的大地，還是趕走繽紛的色彩，只留下一片灰白？請將冬天的景象描寫出來。

10. 一年四季中，你最喜歡哪一季，為什麼？有什麼期許？

（三）寫作錦囊

春耕夏耘	秋收冬藏	百感交集	截然不同	充滿活力
春華秋實	精神百倍	婀娜多姿	昏昏欲睡	熱力四射
漫山遍野	秋高氣爽	萬里無雲	占為己有	多采多姿
熱情如火	天寒地凍	冷風颼颼	步履蹣跚	寒風凜冽

（四）佳作欣賞

四季／林美芳

大自然真奇妙，一年四季，春夏秋冬的風貌、氣候各有千秋。有人熱愛春季，有人喜歡秋天，我卻一年四季都喜歡。

「轟隆！轟隆！」春雷奏出悠揚美妙的交響曲，使大地甦醒。春雨過後，春姑娘帶著仙女棒，經過鄉村，飛越山坡，來到原野，只要她駐足的地方，一定百花盛開，小鳥爭鳴，蜜蜂、蝴蝶翩翩起舞，樹枝伸出鮮嫩的芽，整個大地都變得綠意盎然，充滿蓬勃的朝氣。

炎炎夏日一到，晴空萬里，人們紛紛脫掉厚重的外衣。夜晚，繁星點點，我們常常搬一張桌子，幾把小椅子，在絲瓜藤底下乘涼，大人們泡一壺老人茶，天南地北閒話家常，小孩們則盡情嬉戲玩樂，到處充滿歡聲笑語。

　　秋天好像是一位神奇的大畫家，用那神奇的彩筆將滿山遍野的楓葉換上紅色的衣裳。農夫辛苦栽種的農作物，由綠油油的稻子變成粒粒飽滿的金黃稻穗，農人們個個笑逐顏開。

　　冬天是一個孤獨的老人。他的脾氣暴躁，每次都用寒冷刺骨的強風侵襲大地，以致處處天寒地凍。許多怕冷的小動物不敢出來找食物，人們也只好暫時躲起來避避「風」頭。

　　春、夏、秋、冬，每一季的風貌不大同。因為有它們的參與，我們的生活顯得更多采多姿，所以我會打開雙手，迎接它們的早訪。

（五）參考題目

1. 春天的天空
2. 蟬鳴季節
3. 楓紅時節
4. 自擬相關題目

第二六單元　二十年後的我

（一）寫作引言

　　時間像奔流的江水，不管你有沒有注意它，它依然分分秒秒，一點一滴的流逝，一去不回頭。轉眼間，你即將國小畢業、甚至高中畢業。面對未來，你有什麼計畫？你能想像二十年後，五十年後，世界變成什麼模樣？你又會變成什麼模樣？請發揮你的想像力，勾勒出自己的未來。

（二）寫作指南

1. 什麼時候，你會想起未來的模樣？午夜夢迴時，看完一場電影，或朋友間閒聊的時候？

2. 二十年後的世界，是什麼模樣？

3. 二十年後的你，已經幾歲了？

4. 那時候的你，外貌會是什麼模樣？

5. 可能會從事哪方面的工作？工作的情況是如何？

6. 你結婚了嗎？請描述當時家庭生活的情形。

7. 你有什麼願望或消遣，在那個時候會實現嗎？那會是什麼樣子？

8. 那個時候，有沒有什麼問題困擾著你？孩子的教育問題，家庭開支的壓力，或自己的健康狀況？

9. 你會怎麼克服？放任孩子自由發展，加強補習？個人多兼一份工作，固定運動，或作定期健康檢查？

10. 二十年後，有著你許多的夢想，現在的你，該如何一一實現？

（三）寫作錦囊

夜闌人靜　白衣天使　調皮搗蛋　天真無邪　有教無類
有條不紊　待人接物　樂觀進取　活蹦亂跳　飢腸轆轆
彬彬有禮　朝氣蓬勃　有氣無力　後悔莫及　三言兩語
絞盡腦汁　夢寐以求　難如登天　如願以償　迫不及待

（四）佳作欣賞

二十年後的我 ／ 韓惠蘭

　　每當夜闌人靜時，我常常想：二十年後的我，會是什麼樣子呢？是戴著黑框眼鏡的老師，還是穿梭在病人與醫生旁的白衣天使，或是兩個頑皮孩子的媽媽？

　　二十年後的我，身旁或許有一群天真無邪的學生，在課堂上喊著：「老師！這題數學好難哦！」「老師！作業太多，寫不完啦！」學生們都有一顆進取、向上的心，我會指導他們待人接物與做人做事的到底，發揮孔老夫子「有教無類」的教育精神，培育優秀的下一代。

　　二十年後的我，可能已經結婚了，有丈夫和活蹦亂跳的兒女；每天烹調香噴噴的飯菜，讓每一個飢腸轆轆的家人都吃得津津有味，像辛勤的園丁照顧著小樹苗一般。

　　二十年後的我，也許會有屬於自己的「窩」，我要布置成小型圖書館，擺滿各式各樣的書籍，讓家中每一個人都散發著濃濃的書卷味，待人彬彬有禮；還要在院子種上五彩繽紛的花朵，當春天來的時候，小鳥吱吱喳喳叫個不停，到處充滿著朝氣蓬勃的新氣象。

真希望二十年後的一切，能美夢成真！從現在起，我要努力讀書，讓夢想一一實現。

（五）參考題目

1. 四十歲的我
2. 五十年後的我
3. 我的生涯規畫
4. 自擬相關題目

第二七單元　期待未來

（一）寫作引言

　　有句話說：「人因夢想而偉大。」因為夢想能在天空飛翔，所以有了飛機；因為夢想能千里傳音，所以有了電話……人類就是勇於夢想，所以世界天天在改變。

　　同學們，你夢想過未來的世界是什麼樣子嗎？現在，請你乘著「想像」的翅膀，將未來的世界一點一滴的勾勒出來。

（二）寫作指南

1. 先大概描述現在的情況：如太空梭川流不息的往返，地球飽受聖嬰現象的肆虐，人口愈來愈多……

2. 想像多少年後，世界會變成什麼樣子。五百年後，三千年後或一憶年後？

3. 那時的人類，會變成什麼樣子？頭大身小，平均壽命延長，鼻子特別發達，或是其他樣子？請將原因一併寫出來。

4. 那時，地球的環境有何變化？到處都是海水，四處都是火山，或是其他情況？

5. 那時的物質生活是如何？交通工具更發達，或有先進的生活設施？請具體的描述。

6. 那時的精神生活是怎樣？用腦波來溝通，或書本由晶片取代？

7. 那時的人類，每天過著什麼樣的生活？每天更辛苦的工作；人的大腦可與電腦連線，不必讀書即能獲取知

識，或是其他的情形？

8. 你期待未來的世界嗎？請詳細說明原因。

（三）寫作錦囊

日新月異	一日千里	隨心所欲	樣式新穎	妙不可言
千變萬化	風馳電掣	四面八方	不可勝數	一成不變
人定勝天	價廉物美	前車之鑑	去蕪存菁	執迷不悟
安居樂業	差強人意	五花八門	爾虞我詐	交錯縱橫

（四）佳作欣賞

期待未來／林美芳

由於科技日新月異，所以人類的文明也隨著時間而進步，相信在未來的世界裡，一定充滿了新奇。

在未來的世界裡，因為地球環境的汙染，食物會愈來愈少；不過，不必擔心，因為聰明的科學家會發明一種「食物綜合維他命」，它能提供人類一整天的熱量需求，而且能讓肥胖遠離人們，那時的人類將更健康、更長壽。

在未來的世界裡，是講求效率的，人們再也不必花太多的時間洗衣服、洗澡。只要走進「空氣清潔淨身室」裡，六十秒後，身體便可以一塵不染，乾淨清爽，因為裡面的空氣能使身體及衣服上的穢物，都被清除得乾乾淨淨。

在未來的世界裡，人們可以依照自己的夢想在陸地上或海上蓋房子。如果希望住家更加清淨，還可以在自己喜愛的星球上「築巢」，人人都有屬於溫馨的家，不會再有買不起房子的「無殼蝸牛」。

　　在未來的世界裡，交通工具不再是會汙染環境的汽車、飛機、船……而是一種「超光速物體輸送機」，不管你想到哪裡，只要輕輕按下運輸鈕，便可以輕而易舉的到達目的地，真是快速又便利。

　　在未來的世界裡，人們和外星人是互相合作、無話不談的好朋友，也會聯合起來打擊惡勢力，讓壞人消聲匿跡，使同學們們沒有憂愁煩惱，天天都能自由自在的在外面嬉戲遊玩，不必怕綁架事件出現。

　　啊！未來的世界將是一個十全十美的人間天堂，是一個令人羨慕嚮往的快樂世界。

（五）參考題目

1. 未來的世界
2. 三千年後
3. 穿梭時空五百年
4. 自擬相關題目

第二八單元　回顧九二一‧迎向新未來

（一）寫作引言

地震是個來無影、去無踪的可怕殺手，一場大地震往往造成無數個家庭家破人亡，許多人失去親人及家園，歷經人生最悲慟的打擊。

臺灣位於地震帶上，地震發生十分頻繁，平時，我們一定要做好防震的措施，把地震產生的災害降到最低。

（二）寫作指南

1. 你曾經經歷過何種程度的地震？九二一大地震或四、五級的地震？

2. 當時你在哪裡？正在做什麼？

3. 學校的桌椅、家中的擺飾、家具，有沒有搖晃或傾倒？若有，搖晃的情形是如何？

4. 你的心情怎麼樣？接下來，做什麼動作？躲在桌子底下或坐在床上目瞪口呆？

5. 身邊有什麼人？他們的感受又如何？

6. 地震持續多久；有餘震嗎？

7. 地震發生以後，你做些什麼？繼續睡覺，整理物品，到空曠處或車內避難？

8. 你看過大地震後的景象嗎？是親眼目睹，還是從新聞媒體中看到？情況是如何？請將內心的感受寫出來。

9. 地震雖然無法避免，可是要怎麼做，才能將損害減到

最輕？

（三）寫作錦囊

天搖地動	震天價響	山崩地裂	慘不忍睹	微不足道
心如刀割	斷垣殘壁	風吹雨打	搖搖欲墜	驚心動魄
鬼哭神號	奪眶而出	同心協力	永生難忘	亡羊補牢
雨後春筍	東倒西歪	離鄉背井	化為烏有	接二連三

（四）佳作欣賞

回顧九二一‧迎向新未來／林美芳

　　時光飛逝，歲月如梭，八十八年九月二十一日的那場可怕的大地震，撼動全臺灣民眾的心。

　　還記得那晚，秋風習習，萬籟俱寂，一切是那麼的寧靜。到了凌晨一點四十七分，剎那間，天搖地動，地牛狂奔，搖醒了睡夢中的我們，大家趕緊衝像客廳。忽然間，停電了，四周黑漆漆的，讓人不寒而慄。接著，又是一陣搖晃，妹妹嚇得驚聲尖叫，這時，爸爸要我們躲在兼顧的家具旁，並且保持鎮靜，不要慌張。

　　等待主震結束，爸爸帶我們跟跟蹌嗆的衝出門外。到了外面，一看，馬路上已經聚集了許多民眾，大家七嘴八舌的談論剛剛死裡逃生的經過。此時此刻，耳邊傳來救護車呼嘯而過的聲音。因為餘震不斷，所以沒有人敢再回到屋內，全聚在住家附近的廣場上，一起收聽廣播，希望得知地震發生後的最新消息。

　　隔天，透過電視的轉播，我們才知道這一次地牛翻身，造成許多大樓倒塌，尤其南投、霧峰兩地，處處斷

垣殘壁，慘不忍睹。更令人難過的是，許多人因為這一次地震而和最親密的家人天人永隔，使人看了為之鼻。不過，在這一次的災難中，也讓我感受到許多人發揮大愛的精神，不管是救難人員、英勇的國軍、親切的白衣天使，都嚴守自己的崗位，實在令人佩服。

雖然這一次的地震災難中大家飽受摧殘、驚嚇，但是它打敗不了我們堅韌的生命力，那只會讓同胞更加同心協力。我相信有生命就有希望，讓我們心手相連，撫平傷痛，迎接新的未來吧！

（五）參考題目

1. 地震給我的啟示
2. 恐怖的一夜
3. 地震了
4. 自擬相關題目

第二九單元　論讀書

（一）寫作引言

　　「讀書」對於以前的人來說，是件奢侈的事情。因為從前的生活條件差，農事繁忙，有時連溫飽都成問題，更遑論讀書了。

　　現在教育普及，每個人都有機會求學進修，盡情的擁抱知識，充實學識及涵養。但也由於升學主義的掛帥，學生淪為「填鴨式」教學下的犧牲者，提起「讀書」則叫苦連天。現在，請你現身說法，寫一篇關於「讀書」甘與苦的文章。

（二）寫作指南

1. 為什麼要讀書？讀書和我們日常生活有什麼關係？
2. 不讀書的話，對我們有什麼樣的影響？
3. 讀書有什麼苦處？是炎炎夏日中，揮汗如雨的讀書，或考驗競爭的壓力，或是在寒冷的冬天裡，仍需打起精神來讀書？
4. 其中，最讓你苦不堪言的情形是什麼？
5. 相對的，讀書能帶來什麼好處？請舉自己實際例子說明。
6. 古今中外，有哪些例子能證明讀書帶來好處？諸葛亮飽讀詩書，足智多謀，用兵如神；愛迪生好學不倦，研究發明，你有什麼感想或啟示。
7. 根據上述的說明和分析，你有什麼感想或啟示？
8. 我們應該怎麼樣努力求學，報效國家，服務人群？

作文書寫技巧

（三）寫作錦囊

取之不盡　開卷有益　增廣見聞　迎刃而解　出類拔萃
枯燥乏味　突飛猛進　天寒地凍　揮汗如雨　苦不堪言
甘之如飴　造福鄉梓　截長補短　發憤讀書　不達目的
絕不終止　獨學而無友，則孤陋而寡聞。　知識就是力量
革命的基礎在於高深的學問　書中自有黃金屋　滿屋子的酒香，不如滿屋子的書香。

（四）佳作欣賞

論讀書／林美芳

　　「書中自有黃金屋，書中自有顏如玉。」現在是知識爆炸的時代，如果我們不多讀書增加新知，恐怕就跟不上時代。

　　也許很多人會抱持著「多讀書對我們真的有幫助嗎」的懷疑態度，那是因為他們還不能體會到讀書不但可以獲得知識外，還可以豐富我們的生活。既然開卷有益，那麼我們應該怎麼讀書？

　　第一、要有恆心：西諺說：「羅馬不是一天造成的。」想要「才高八斗」、「學富五車」，就要養成固定閱讀的好習慣。古人也勉勵我們：「只要功夫深，鐵杵磨成繡花針。」所以，只要我們能持之以恆的閱讀有益身心的書，日積月累，一定有驚人的收穫。

　　第二、要能踏實：想要獲得真正的知識，必須有「打破砂鍋問到底」的精神，不懂的地方，不論是求助於人

或藉由其他書籍，都要把答案找出來，養成「不達目的絕不放棄」的求知精神。

　　第三、要能廣博：讀書不論是天文、歷史或是地理、科學……都應該多方面吸收，不應該只侷限自己有興趣的項目，這樣，才不會讓自己「只知其一，而不知其二」。因此，充實生活內容的最好方法，就是多元化的大量閱讀。

　　有人曾說過：「滿屋子的酒香，不如滿屋子的書香。」讓我們養成多讀書的好習慣，充實自己的人生。

（五）參考題目

1. 讀書甘苦談
2. 讀書的苦與樂
3. 努力求學的重要
4. 讀書的重要
5. 自擬相關題目

第三十單元　燈

（一）寫作引言

　　「燈」是光明的象徵，是黑暗的剋星，是人類生活不可或缺的必需品。自從愛迪生發明電燈以後，世界文明即隨之進一大步。

　　「燈」在我們生活中，除了有著密不可分的關係，也有其他深刻的涵意。現在，我們一步步的進入「燈」的世界，如何？

（二）寫作指南

1. 是誰在萬籟俱寂的夜，默默的為人們服務？是誰在漆黑的海邊，指示著船隻的方向？你可用「反問法」來作文章的開頭。

2. 燈在你的生活中，佔有什麼的地位？如果沒有燈，會造成什麼不便？

3. 當電燈還沒有發明以前，人們是用什麼方式來照明？

4. 電燈是誰發明的？發明電燈以後，對於人們的作息產生了哪些重要的影響？促進商業發展，帶給社會繁榮與進步，或日常生活更加便利？

5. 你常用哪些燈？檯燈，日光燈或小夜燈？它們的功能及特徵是什麼？

6. 如果街上的路燈、紅綠燈或汽機車的車燈故障了，會造成什麼影響？它們的地位重要嗎？

7. 機場的跑道燈、暗礁旁的燈塔，像是飛機、船隻的什麼？守護神或媽祖娘娘？它們又有什麼功用？

8. 除了有形的燈外，你是否留意到每一個人的心，都有一盞無形的燈？善良樂觀的心靈或行善助人的心燈？

9. 父母、師長的關懷，是否也是一盞心燈？他們為你做些什麼，指引你到什麼方向。

10. 燈對你有什麼啟示？請依有形、無形的燈，具體描述你的看法。

（三）寫作錦囊

大放光明	夜闌人靜	經年累月	發號施令	夜幕低垂
風吹雨打	時時刻刻	盡力而為	明亮如晝	五光十色
暗無天日	萬家燈火	燈火輝煌	棄暗投明	華燈初上
勞苦功高	為善最樂	無怨無悔	心慌意亂	生生不息

（四）佳作欣賞

燈／林美芳

　　隨著科技日益的進步，燈與人們的生活已經緊密的結合。每當夕陽西下，夜幕低垂，大地一片漆黑時，只要打開燈，它便會為人們趕走恐懼，帶來光明和希望。

　　燈的種類琳瑯滿目，有紅綠燈、路燈、檯燈……它們的形狀和色彩千變萬化，對人類的生活有莫大的貢獻，總是經年累月的服務人群，毫無怨言。

　　紅綠燈是一位勤奮的交通指揮官，不論是艷陽高照或是狂風暴雨，他始終堅守崗位站在車水馬龍的十字路口為我們服務，只希望每一個行人，以及駕駛朋友，都能快快樂樂出門，平平安安回家。

　　路燈是一位勇者，每當絢麗的晚霞替天空揮灑最後一道光彩時，他便開始心勤工作，努力的發出熱情的光芒，照亮每一條大街小巷，讓夜歸的莘莘學子和行人能踏著輕鬆的步伐回到溫暖的家。

　　檯燈是每一個人從小到大的好朋友，每當夜闌人靜時，檯燈總是無怨無悔的守候在我們身邊，度過漫漫長夜。有時當我身心俱疲，一股睡意襲上心頭，檯燈彷彿在對我說：「加油吧！成功是屬於堅持到底的人。」

　　燈帶給我無限的溫暖與勇氣，更帶給我光明與希望。我愛它那種無怨無悔又默默奉獻的偉大精神，要以它為榜樣，不畏艱難的迎接未來的挑戰

（五）參考題目

1. 點燃心燈
2. 燈的啟示
3. 光明的使者
4. 自擬相關題目

第三一單元　看電視的好處與壞處

（一）寫作引言

　　電視對我們的影響很深，和我們日常生活，有著密不可分的關係。好的電視節目能開拓我們的視野，充實我們的生活；不好的電視節目會影響我們善良的心性，虛擲光陰，浪費生命。

　　請你將看電視的好處、壞處，分別詳細描述，提出自己的看法。

（二）寫作指南

1. 簡單介紹電視的發明，對人們的生活有什麼重大的影響？
2. 你每天看多久的電視節目？大部分於什麼時候看電視？
3. 你通常是看什麼節目？請寫出常看的兩三個節目名稱。
4. 你最喜歡看哪一個節目，原因是什麼？
5. 你認為收看好的電視節目有什麼好處？
6. 哪些電視節目是屬於好節目，有益身心的健康？
7. 收看不好的電視節目，有什麼壞處，或是哪些不好的影響？
8. 哪些電視節目是屬於不好的電視節目？
9. 除了節目之外，看電視的時候，還需要注意哪些地方？例如：不要離電視太近，以免傷害眼睛；不要長時間看電視，影響正常作息時間；不要將電視聲音開太大，

以免影響鄰居的安寧……

10. 對於看電視，你的結論是什麼？請簡單扼要的說明。

（三）寫作錦囊

吸收新知　　增廣見聞　　不肯罷休　　賞心悅目　　多采多姿
四眼田雞　　精神萎靡　　一落千丈　　一日千里　　飛也似的
孜孜不倦　　日上三竿　　五光十色　　寓教於樂　　因噎廢食
家家戶戶　　舉足輕重　　多多益善　　廢寢忘食　　怪力亂神
秀才不出門，能知天下事。

（四）佳作欣賞

看電視的好處與壞處／林美芳

　　電視結合視聽聲光，取代了書籍、收音機，已成為大眾傳播媒體的主角，深深影響現代人的生活。

　　俗話說：「秀才不出門，能知天下事。」看電視的好處不少，例如：看新聞報導，可以知道當天世界上發生了哪些大事；看氣象播報，就能了解最近的天氣變化。看電視也能增進智慧，學到課本以外的寶貴知識。吃飽後，全家人齊聚客廳看電視，其樂融融，共享天倫之樂更是人間的一種幸福。

　　但是，「水能載舟，亦能覆舟」，有些電視節目偏重暴力、色情、靈異怪象，如果不加以選擇，照單全收，那麼，只會浪費時間，浪費生命。而且，一旦養成看電視的習慣以後，會影響大腦的思考能力；另一方面，學生太沉迷於電視，功課將會一落千丈，甚至寶貴的靈魂

之窗將會變成四眼田雞，更是得不償失啊！

　　所以，看電視雖然有不少好處，但是負面的影響也是不可忽視。我們應該多選擇一些有意義的節目來收看，做一個聰明有智慧的現代人。

（五）**參考題目**

1. 看電視
2. 論電視對學生的影響
3. 「看電視」之我見
4. 自擬相關題目

第三二單元　夢

（一）寫作引導

　　同學們，你一覺醒來，還記得夢中情境嗎？你進入夢中世界，看見什麼畫面？是端坐在餐桌前，正享受香噴噴的雞腿，還是被凶狠的大狼狗追得走投無路？美夢令人沉醉其中，永遠期待；惡夢卻讓人膽戰心驚，冷汗直冒。你的夢是如何？請將該「夢」一五一十描述，讓大家進入你的「夢鄉」，如何？

（二）寫作指南

1. 睡覺之前，你正在做什麼？
2. 你是很快就入睡，還是翻來覆去，輾轉難眠？
3. 不知不覺的進入夢鄉，首先，你看到了什麼景象？
4. 當時的情境，有什麼特殊的地方？跟平日的景色有何不同？
5. 四周的環境是什麼樣子？有出現人物、動物嗎？
6. 接下來，經歷了哪些事情？當時，你正在做什麼？
7. 你遇到誰？是朋友，敵人，動物，還是怪獸？你有什麼反應？
8. 後來，你又看到什麼？請將當時情況加以描述。
9. 你是如何醒來？是被吵醒、驚醒，還是其他原因？
10. 醒來之後，感覺如何？
11. 夢中的一切，是經常出現，還是從未經歷？有無其他感觸？

（三）寫作錦囊

迷迷糊糊　呼呼大睡　疲憊不堪　騰雲駕霧　昏昏沉沉
世外桃源　陰魂不散　驚惶失措　渾身冷汗　南柯一夢
永無止境　半信半疑　金光閃閃　清澈見底　自由自在
眾目睽睽　一陣刺眼的陽光　半夢半醒之間　揉揉矇矓
的雙眼　好夢由來最易醒

（四）佳作欣賞

夢／臺中國小張雅婷

　　家人進入夢鄉，而我卻還在書桌前開夜車，因為明天要月考。難纏的「瞌睡蟲」，不停的在我耳邊輕輕的說著：「睡吧！睡吧！」我的意志力漸漸薄弱，敵不過「瞌睡蟲的召喚，沉重的眼皮愈來愈不聽我的指揮，竟在不知不覺中睡著了。

　　在半夢半醒之間，一位穿著漂亮衣服，神情很和善的小仙女，站在我的面前。她帶我到一座氣勢宏偉、金碧輝煌的城堡。裡面傳來陣陣美妙的音樂。我定睛一看，下了一跳，有好多穿著華麗衣裳的花仙，在大廳跳舞。花仙發現了我，更熱情的拉著我一起參加她們的舞會。

　　有些花仙在跳舞，有些花仙在一旁彈鋼琴，拉奏小提琴等，把氣氛變得熱鬧非凡。大家跳累了，花仙們就拿出許多飲料及小點心來招待。就在眾人都沉浸於歡樂的氣氛中，忽然有很多聲音從遠方傳來，花仙們一聽，個個嚇得花容失色，彷彿是受了驚嚇的小白兔。四周突然變暗了，伸手不見五指，小仙女及花仙都消失無蹤。

忽然，腳底下出現一個很大的洞，我一不小心就跌入洞裡，我大叫一聲，就從夢中驚醒了。

這時，媽媽在我身旁不停的拍著我的背，說：「你怎麼在這裡睡著了呢？趕快起來，不要著涼了。」

我不停的回想剛才既真實又虛幻的夢境，那感覺真像坐雲霄飛車那般刺激呢？

（五）參考題目

1. 夢遊仙境
2. 一場可怕的夢
3. 一個夢
4. 夢中的世界
5. 自擬相關題目

第三三單元　舉手之勞做環保

（一）寫作引言

　　科技的進步帶來了社會的文明與發展，使人們的生活愈來愈舒適便利。只是在享受科技的美好果實的時候，許多致命的污染和災害也悄悄的入侵我們的居住環境。

　　當保護地球的臭氧層日漸稀薄；有「地球之肺」的亞馬遜熱帶雨林，每天以驚人的速度日益減少；昔日乾淨的沙灘遍布廢棄的針頭與玻璃……。「環境保護」應該不只是響亮的口號，而是每一個人必須正視的問題了。

（二）寫作指南

1. 什麼是「環保」？地球是我們賴以生存的環境，保護地球，保護我們唯一的生活環境是不是很重要呢？

2. 科技的進步，工業的發展，究竟對環境帶來什麼傷害？是工廠的廢水汙染了河川？汽車、機車的廢氣使空氣更汙濁？山坡地的過度開發，破壞了自然的生態？還是其他的情形？

3. 你有沒有發現我們的氣候變化，一年比一年更加劇烈？乾旱期愈來愈長，缺水的情形時有所聞？暴雨傾盆而下，許多地區動輒成為水鄉澤國？冬天的時候特別寒冷，夏天的時候異常炎熱？請將你的觀察與體會描述出來。

4. 從報章雜誌或新聞媒體中，是否看到世界上其他國家也有氣候異常的情形？孟加拉、印度的豪雨成災？卡崔那颶風摧毀了全美排名前十大的觀光城市 紐奧良？

或是其他相關的報導？

5. 地球的環境是如此脆弱，做好環保是刻不容緩的事，在家庭方面，我們應該怎麼做呢？做好垃圾分類？落實資源回收？不要使用免洗碗、免洗筷？或是其他具體的行動？

6. 在社會方面，應該怎麼做？減少塑膠袋的使用，出門自備購物袋？低樓層的住戶，儘量走樓梯，既環保，又能健身？減少山坡地的開發？搭乘大眾捷運系統？或是其他的方式？

7. 「環境保護」是別人的事，還是先從自己做起？政府機關、公益團體發起了哪些「環保」的活動？回收廢家具、廢電器、廢電池的活動？「一日無車」活動？在各地成立「資源回收站」？

8. 「環境保護」是我們每一個人的責任，我們是不是應該具體落實？

9. 對於未來的生活環境，你有什麼期許或感想呢？

（三）寫作錦囊

惡性循環	舉手之勞	害群之馬	死氣沉沉	以身作則
無所遁形	世外桃源	有目共睹	日新月異	人人有責
身體力行	責無旁貸	觸目可及	青山綠水	一日千里
利人利己	怵目驚心	烏煙瘴氣	層出不窮	曠日費時
日復一日	詭譎多變			

（四）佳作欣賞

科技與環保／崇倫國中　一年級　夏佩榆

現代的科技是愈來愈發達了，新產品也不斷出現，但是我們的環保問題也日益嚴重。雖然現在的環保意識不斷高漲，但是由於人們奢侈的需求，使得環保的問題每況愈下。

如果因為科技的緣故，使得人們的生活更方便、更舒適，但是世界的好山好水是「科技」換也換不回來的。

現今世界的經濟都是靠科技來促進發展，也正因為這樣，必須要找許多地方設立工廠。可是人們的環保觀念已進步了許多，大多數人抗議不要設廠，也抗議不要設置核能發電廠及汙水處理廠在自己住家的附近。但是不設立核能電廠，電力會不夠用；不設置汙水處理廠，化學物質排放到河川內一樣影響環保，「環境保護」和「經濟發展」形成了很大的矛盾。

近年來，政府為了達到環保的目的，也同時能夠因應人民物質上的需求，環保署頒布了環保標章，那樣不僅能讓科技產品不虞匱乏，也能讓大家用得既環保又安心。又為了讓環保行動更加積極，政府又強調垃圾分類的重要，連廚餘也要分清楚，真是用心良苦。而科學家也為了達到環保又好用的科技產品，也在夜以繼日的研究中。新聞曾報導：現在有人利用黃豆提煉出來的汽車用油，既環保又不會有惡臭味，這證明了只要我們用心，「科技」可以提升經濟，也可以兼顧環保。

所以，科技和環保，都是非常的重要，只要我們處

處用心，面對問題解決問題，誰說「魚」與「熊掌」不能兼得呢？

（五）參考題目

1. 地球只有一個
2. 環境保護，人人有則
3. 環保的重要
4. 大家做環保
5. 自擬相關題目

第三四單元　談禮貌

（一）寫作引言

　　我國自古以來，就有著「禮儀之邦」的美譽。禮貌不僅是種美德，也是為人處事的準則。

　　一個舉止有禮的人，無論走到什麼地方，永遠受到他人的尊重與敬愛。「禮貌」就像人和人之間的潤滑劑，只要凡事以禮相待，人際關係必然和諧，家庭自然幸福美滿。「禮貌」在我們日常生活中，是多麼的重要呀！

（二）寫作指南

1. 什麼是「禮貌」？人際關係的潤滑劑？為人處世的態度？規規矩矩的行為？中國傳統的美德？立身處世的根本？還是有其他的解釋？

2. 懂得禮貌的人，是不是處處受人歡迎？

3. 禮貌能代表什麼？一個人的人格？受過教育的人？一個有教養的人？

4. 如果一個人沒有禮貌的話，會被別人認為是什麼樣的人？舉止輕浮？驕傲自大？目中無人？缺乏教養？

5. 既然禮貌是如此重要，在言行舉止方面該怎麼做呢？客人來的時候，要說：「請進、請坐、請喝茶」？接受別人幫忙的時候，要說：「謝謝」？不小心妨礙別人的時候，要說：「對不起」？

6. 當你要出門的時候，應該怎麼做？向爸爸媽媽說明去什麼地方？跟爸爸媽媽親切的道再見？

7. 當你回家以後，又應該怎麼做？向家人打招呼？跟爸

爸、媽媽說：「爸！媽！我回來了！」？

8. 在外面的時候，應該怎麼做？遇到鄰居、長輩，要親切的打招呼？看見師長要問候？搭乘公車、電梯的時候，要讓人先下車、先出電梯，然後再上車、進電梯？咳嗽、打噴嚏的時候，要用衛生紙掩住口、鼻？公共場所不要大聲喧嘩或追逐？還是其他的具體作為？

9. 當你使用電話的時候，要注意哪些禮貌？不小心撥錯電話的時候，又應該怎麼做？

10. 如果大家都有禮貌，社會是否更加和諧？「禮貌運動」是否值得大家一起來推動？

11. 雖然有少部分的人自私自利、傲慢無禮，可是只要我們以禮相待，是不是可以「化暴戾為祥和」？請你針對主旨，把自己的感想描述出來。

（三）寫作錦囊

富而好禮	待人接物	老生常談	規規矩矩	美化人生
司空見慣	火冒三丈	不悅之色	一言不合	言行舉止
事半功倍	循規蹈矩	舉手投足	微不足道	為非作歹
彬彬有禮	紊亂不堪	應對進退	禮儀之邦	迫不及待
心浮氣燥	設身處地	皆大歡喜		

（四）佳作欣賞

談禮貌／衛道中學　一年級　吳艾臻

　　禮貌，是非常重要的，也是每個人都必須學習的一門課程。從一個人的言行舉止或是一個小動作，就大致可以看出這是一個什麼樣的人。這個人有沒有教養？有

沒有禮貌？由此可知，禮貌對一個人的影響是很大的。

　　禮貌，就是待人處事的一種態度。有禮貌的人，做事情也比較容易成功，曾經看過一則報導：現在到各大公司應徵工作，公司最先看到，也最注重的，就是「禮貌」。公司會注意應徵者的任何一個動作，以及說話談吐是否得宜來做最大的考量。超過一半以上的應徵者都因為態度不良、沒有禮貌而未被錄取。這則報導就告訴我們：如果一個人沒有禮貌，那麼即使他學歷再高、經歷再豐富，也很難得到主管或上司們的青睞。相對的，如果一個人有禮貌，那麼這個人做事一定可以很順心如意，因為他不會得罪到別人，還可以和大家相處的非常愉快。

　　在日常生活中，禮貌也是維繫人際關係的一大要素。如果我們仔細觀察周遭的人，就會發現那些人緣好的人，往往都是有彬彬有禮、態度誠懇的人。他們無論是遇到叔叔、伯伯、阿姨、婆婆、哥哥、姊姊，甚至是不認識的人，都會有禮貌的打聲招呼，那麼大家看了自然會很高興，也很樂意和他們做朋友，拉近彼此之間的距離。從另一個角度想，誰會想和一個沒有禮貌，眼高於頂，目中無人的人做朋友呢？

　　禮貌，是人和人最理想的相處之道。我們每個人都應該要有禮貌，才不會愧對我們的至聖先師　孔子千古以來的教誨。

（五）參考題目

1. 禮貌的重要

2. 有「禮」走遍天下

3. 如何推行「禮貌運動」

4. 自擬相關題目

第三五單元　都是粗心惹的禍

（一）寫作引言

　　夏日炎炎，正值許多莘莘學子準備升學考試的季節。有的同學會跑錯考場，有的同學忘了攜帶准考證。考試的時候，有的同學會因為答案卡漏畫一格，而導致前功盡棄。

　　這一切都是粗心大意惹的禍。同學們，你會因為一時的粗心大意而讓自己蒙受損失或出糗嗎？請你將這些經驗一一描述出來吧！

（二）寫作指南

1. 俗話說：「人非聖賢，孰能無過。」再細心的人，總會有疏忽的時候。我們在什麼時候，會有粗心大意的情形發生？趕路的時候？考試的時候？精神不濟的時候？還是其他的情形？

2. 在別人的眼中，你是一個怎樣的人呢？心細如髮？規規矩矩？迷迷糊糊？粗枝大葉？

3. 上學的時候，你會忘了帶什麼東西？書包？課本？講義？笛子？美術用具？便當盒？水壺？或是其他的東西？

4. 當你漏帶這些東西以後，結果如何？被爸爸、媽媽責罵？被老師處罰？向隔壁同學借？打電話請爸媽送過來？或是其他的情況？

5. 你曾經做了什麼糗事，讓你無地自容呢？認錯人？跑錯教室？帶錯書包？上錯車？看錯時間？或是其他

的糗事？

6. 當你做了糗事以後，你的反應或感受是如何？若無其事？滿臉通紅？大叫一聲？將錯就錯？還是有別的感受？

7. 家人有沒有粗心大意的時候？情況是如何？姊姊忘了繳電話費，而被「斷話」？出門旅遊的時候，媽媽帶著自己上錯遊覽車？大哥考試常常因為粗心大意，損失許多冤枉分數？或是其他的情況？

8. 親朋好友有沒有因為一時的疏忽，而讓你印象深刻？阿姨騎錯機車，差一點讓人送到警察局？叔叔忘了去學校接堂弟放學？鄰居劉大姐搭計程車的時候，把皮包遺落在車上？或是其他的情形？

9. 不過，粗心大意的下場一定很悲慘嗎？塞翁失一匹馬卻得到更多匹馬，你是不是也有這種歪打正著的經驗呢？認錯了人卻多認識了一個朋友？看錯的答案居然是正確答案？

10. 沒有人希望自己永遠是迷糊蟲，那麼，要怎麼做才能改掉自己粗心大意的壞習慣呢？將重要的事寫在記事本上？做事情不要匆匆忙忙？把該帶的東西在前一天準備好？或是其他的做法？

11. 爸爸媽媽或師長親友有沒有提供方法來改善？那是什麼方法？成效又是如何呢？

12. 嘗試了自己的方法與別人的建議以後，粗心大意的情況有沒有改善了呢？請你針對題旨發表你的感想。

（三）寫作錦囊

粗枝大葉　　怨聲載道　　漫不經心　　抱怨連連　　心驚膽跳
一簣之功　　疑難雜症　　大失所望　　功虧一簣　　如願以償
美中不足　　易如反掌　　前功盡棄　　事與願違　　粗心大意
徒勞無功　　陰錯陽差　　無動於衷　　十萬火急　　準備就緒
七手八腳　　心灰意冷　　慌慌張張　　心猿意馬　　手忙腳亂
緊張萬分　　牽一髮動全身

（四）佳作欣賞

都是粗心惹的禍 ／ 林美芳

「美芳！妳的數學習作在哪裡？」看見老師火冒三丈的樣子，我知道又是粗心大意惹的禍，我又要倒大楣了。

第二天，刺眼的陽光從窗戶偷偷的溜進我的房間，我揉揉惺忪的雙眼，看了看手錶，哇！再過十分鐘就要上課了，我著急得跳下床，趕快穿好衣服，馬上往學校的方向飛奔而去。

來到了教室門口，老師已經站在講臺上開始上課了，我只好鼓起勇氣走進教室，回到自己的座位，本來想趕快拿出社會課本跟上老師的進度，結果發現書包裡根本沒有社會課本，嚇出一身冷汗。因為前一天我太晚睡又沒有先整理書包，所以該帶的作業、課本通通都沒帶。老師請我趕快把重點劃下來，我吱吱唔唔的不敢說，聰明的老師已經知道我又因為粗心大意而忘了帶課本。

老師氣得臉紅脖子粗，請我到後面罰站，並且對我

說：「你好好反省，這樣的學習態度對嗎？」我羞愧的抬不起頭，心中懊悔不已，這一節我就站在教室後面聽課。一直到了下課鐘聲響起，同學們都離開教室，老師走到我的身邊，拍拍我的肩膀，口氣溫和的說：「美芳，想把書唸好的不二法門，就是『用心』，如果你常常抱持著無所謂的態度，是不可能把事情做好的，要加油！」

經過這一次的教訓，我終於體會到粗心大意只會為自己惹來更多不必要的困擾，所以從今天起，我一定要用心學習，再也不要渾渾噩噩的過日子了。

（五）參考題目

1. 弟弟是個迷糊蟲
2. 臉紅時刻
3. 糗事一籮筐
4. 自擬相關題目

※高中水平

第三六單元　火山爆發

（一）寫作引言

　　人和人相處，難免有摩擦，如果兩方的脾氣控制不住，可能隨時發生火爆的場面。

　　吵架不但不能解決問題，而且會使問題更加惡化，可是，在我們周遭生活中，卻屢見不鮮。

　　現在，就請你將吵架的前因、後果及過程，詳細描述下來。

（二）寫作指南

1. 你如何得知有人在吵架？聽到聲音，親眼目睹或有人通風報信？

2. 吵架的地點在哪裡，原因是什麼？

3. 他們的表情如何？像發怒的刺蝟或凶悍的老虎？

4. 吵架的時候，你一言、我一語，到底說些什麼，有什麼動作？

5. 有人出面勸架嗎？鄰居，同學，老師，校長，警察？他們怎麼處理？

6. 最後的情形是如何？有沒有互相道歉，和好如初？

7. 回想起當時的氣氛，是不是令你感到恐懼與不安？

8. 你覺得吵架有哪些壞處，會帶來哪些不良的後果？

9. 吵架是單方面的事嗎？要怎麼做才能將衝突與摩擦降到最低？

（三）寫作錦囊

劍拔弩張　搥胸頓足　臉色發青　面紅耳赤　暴跳如雷　怒氣沖天　嘮嘮叨叨　雨過天青　面目全非　低聲下氣　破涕為笑　轟轟烈烈　血盆大口　鼻青臉腫　一意孤行　不理不睬　相敬如賓　後悔莫及　一發如雷、一敗如灰　天雷勾動地火，一發不可收拾　忍一時風平浪靜，退一步海闊天空

（四）佳作欣賞

火山爆發／林美芳

　　某個夜晚，「鏗鏘！鏗鏘！」玻璃碎片的聲音劃破夜空，接著是一陣嘶吼聲，不必想，一定又是隔壁的王伯伯「火山爆發」了。

　　隔天一早，我和小霞一起上學，問她家裡的情況，小霞露出無奈的表情說：「有什麼辦法！爸爸只要一喝完酒後，就亂罵人。我和媽媽怎麼好言相勸，爸爸就是改不了酒後發脾氣的壞毛病。」看到小霞氣色不佳，我知道她一定飽受驚嚇又沒有睡好，我心裡真有點捨不得。

　　伯伯是我們多年的鄰居，他以前是一位慈祥又熱心助人的長輩，受到左鄰右舍的尊敬。不過，近年來景氣不佳，又經商失敗，因此，他常常藉酒澆愁，脾氣也大大的轉變，愛生氣，對家人大吼大叫。其中，受害較大的是王媽媽和小霞。

　　「叮咚！叮咚！」耳邊傳來急促的電鈴聲，原來

是小霞來找爸爸幫忙。因為伯伯在路上和別人打架了。伯伯被打得鼻青臉腫、頭破血流，需要人趕緊送他去就醫。爸爸再也忍不住了，對著王伯伯說：「一發如雷、一敗如灰。發脾氣只會讓事情更加惡化，你凡事為什麼不多想一想？忍一時風平浪靜，退一步海闊天空。」

　　經過那一次「火山爆發」可怕的事件後，一切似乎雨過天青，王伯伯再也不亂發脾氣了，而且更懂得珍惜親情，我們都替他們一家人感到高興。

（五）參考題目

1. 弟弟惹禍了
2. 爸媽吵架時
3. 生氣的時候
4. 當衝突發生時
5. 一場可怕的衝突
6. 談風度
7. 或自擬相關題目

第三七單元　我的小世界

（一）寫作引言

　　你有沒有屬於自己的小世界？不論是有形的房間，或是無形的心靈世界，只要待在那個天地裡，你就可以自由自在享受自我，不受約束，無人打擾。現在，請你將那個小世界介紹出來，和大家分享。

（二）寫作指南

1. 什麼地方是你的小世界？閣樓，臥室，書房，樹上，樓梯間，桌子下，被窩裡，或是其他地方？

2. 你是如何發現這個小世界？從什麼時候開始？還有誰知道？

3. 這個小世界是什麼樣子？四周的情形是如何？

4. 你常於什麼時候到那個小世界？

5. 每隔一段時間，小世界裡的景物有變化嗎？

6. 當心情起伏時，你會到那個小世界嗎？

7. 小世界還給你什麼樣的幫助？是讓你浮躁的心得以沉靜，還是讓你的心思想自由的馳騁？

8. 那個小世界，你還滿意嗎？有什麼值得保持或應該改進的地方嗎？

9. 能擁有那個小世界，你該感激誰？是爸媽，死黨好友，老天爺，或是其牠的人？

（三）寫作錦囊

白雲悠悠　無邊無際　別有洞天　思緒沉靜　心血來

潮　大失所望　滿心歡喜　分門別類　井然有序　蒸
蒸日上　默默陪伴　急急忙忙　一吐為快　風雨交加
繁星點點　自由自在　無拘無束　細心布置　早晨的
陽光，輕輕的將我喚醒

（四）佳作欣賞

我的小世界／林美芳

　　我的「小世界」空間雖然不大，但是布置得有條
有理、井然有序。它是我的臥房，是我日常生活中最
親密的伙伴。

　　一打開房門，首先映入眼簾的是一排落地窗。從
窗戶望出去，可以看到一片青翠的草地，還可以聞到
從院子飄來陣陣桂花的香味，使人神清氣爽。因此，
每當下課回到家，我總是喜歡待在那個小世界裡，捨
不得出門。

　　在房間的角落，擺著一張舒適又柔軟的大床，床
鋪的右邊擺著爸爸精心為我挑選的書櫃。書櫃上層擺
著我幾年來心愛的收藏品－奇石和貝殼；下層則有我
最喜歡讀的書；書櫃的最上方，放了幾盒小盆栽，使
得房間綠意盎然。

　　每一次同學到家裡，都非常喜歡窩在我的「小世
界」談天說地、看書或寫作業，流連忘返，而不想回
家。我愛我的小世界，一定更用心的布置它，使它成
為我心靈上最棒的休息站。

（五）參考題目

1. 我的小小天地

2. 記憶中的樹屋

3. 防空洞裡的小世界

4. 自擬相關題目

第三八單元　家人的手

（一）寫作引言

　　人有一雙萬能的手，可以處理各種事情。你可曾注意到家人的手，他們在忙什麼，在做什麼，代表什麼意義？

　　希望各位同學能以象徵的寫法，藉著「家人的手」，來描寫家人的種種形象。

（二）寫作指南

1. 每個人的手，外表雖然相似，運用方式是不是個不同？

2. 爸爸有一雙什麼樣的手？厚實有力，長滿老繭，或是變魔術的手？

3. 媽媽有一雙什麼樣的手？勤快靈巧，溫柔勤勞，或是大廚師的手？

4. 哥哥有一雙什麼樣的手？敏捷迅速，好吃懶作，或是一個籃球高手？

5. 妹妹有一雙什麼樣的手？勤奮細膩，無堅不摧，或是一個彈琴高手？

6. 你有一雙什麼樣的手？替爸媽搥背的手，開冰箱找東西吃的手，或是多才多藝的手？

7. 對家人的手有什麼看法？他們能在背後支持你、安慰你？是不是善加利用自己的雙手，就能將效用發揮到最大？

（三）寫作錦囊

閒來無事　花團錦簇　五彩繽紛　美不勝收　完好如初　窗明几淨　一塵不染　神乎其技　目瞪口呆　熟能生巧　井然有序　引以為傲　經年累月　一手包辦　輕盈優雅　柔弱無力　名副其實　坐享其成　大同小異　專美於前

（四）佳作欣賞

家人的手／林美芳

家人的手對我來說，總有一份特別的感受。

爸爸有一雙厚實有力的手。還記得小時候，爸爸常常張開他的雙手，一把抱起我，把我撐得高高的，直到我大呼過癮時，才把我放下來。爸爸還常常為了我，就地取材做出各式各樣的童玩逗我開心，令我佩服得五體投地。

媽媽有一雙勤快靈巧的手。為了美化這個家，她常常製造許多可愛又實在的裝飾品，將溫暖的家點綴得多采多姿。每當我們去上班、上課時，媽媽並沒有閒著，她利用那雙巧手，把家裡打掃得一塵不染，使花園變得花團錦簇，美不勝收。夜幕低垂時，她早已做出美味的晚餐，因此，下課時間一到，我一定歸心似箭。

哥哥有一雙敏捷迅速的手，有時候，媽媽要哥哥幫忙拖地，哥哥便在最短的時間內把工作做完。在學校，哥哥是一位灌籃高手，常常代表學校參加比賽，

光榮凱旋。

　　我的手雖然嬌小而柔弱無力，但它是我的好幫手，也是我孝順爸媽最實用的「工具」。有了它，我把鋼琴練得有模有樣；有時，爸爸、媽媽累了，我會幫他們搥背、倒開水、切水果……慰勞爸爸、媽媽的辛勞。

　　家人的手代表著無限的溫馨、疼惜與無窮的希望，能與家人相處是難得的緣分，我會好好的珍惜。

（五）參考題目

1. 推動搖籃的手
2. 父親的手
3. 一雙布滿皺紋的手
4. 自擬相關題目

第三九單元　疤痕

（一）寫作引言

　　從小到大，每個人難免受傷，留下大大小小、奇形怪狀的疤痕。每一處疤痕，是不是代表一段難忘的往事？

　　也許是一場觸目驚心的車禍，也許是不小心被頑皮的猴子咬傷的童年往事。現在，請你將那些往事靈活的寫出來。

（二）寫作指南

1. 你的身上有很多疤痕嗎？如果是明顯還是不明顯？請你大概的介紹。
2. 其中，哪一處疤痕最令你傷痛，印象深刻？
3. 那是在什麼時候？國小一年級或讀幼稚園時？
4. 當時是獨自一人，還是和爸媽在一起，或是和同學、朋友在一起？
5. 在做什麼？郊遊，溜冰，學騎腳踏車，坐叔叔的摩托車兜風或逛動物園？
6. 接著發生什麼事？請將當時的情況詳細描述。
7. 當時，你有什麼反應？目瞪口呆，手足無措或怒氣沖天？
8. 後來的情況如何？你或旁人怎麼處理？
9. 留下那處疤痕，你感受如何？
10. 你對疤痕抱持什麼觀念？耿耿於懷，以平常心看待，只是人生不可或缺的印記，或是其他的看法？

（三）寫作錦囊

懵懂無知　屢見不鮮　鼻青臉腫　橫衝直撞　四腳朝天　飛也似的　奇形怪狀　血流如注　驚心動魄　陳年往事　粗心大意　不以為意　痛苦不堪　牢記在心　愁眉苦臉　不慌不忙　滔天大禍　一五一十　又羞又怒　無微不至　說時遲，那時快

（四）佳作欣賞

疤痕／林美芳

　　每一個人從小到大，身上難免留下幾道疤痕。每次看見手上的疤痕，我就不禁想起數年前那一段往事。

　　那一天，艷陽高照，晴空萬里，奶奶想去三叔公家聊天，問我有沒有興趣一起去。我當然不願意錯過出去玩的大好機會。

　　過了半個小時，我們便到了三叔公的家。叔公家的庭院有假仙、小橋、流水，布置得十分典雅。向三叔公打過招呼後，突然發現草坪上有一隻被鐵鍊拴住的小猴子，牠活蹦亂跳的模樣非常可愛，深深吸引我的目光。我好奇的問叔公：「這隻猴子是哪來的？」「是別人送的。牠很喜歡和人玩，你可以去和牠玩。」

　　有了叔公的允許，我就慢慢的靠近牠。沒想到牠橫衝直撞的，嚇得我摔了個四腳朝天，還好只是虛驚一場。我的好奇心重，所以又不以為意的靠近牠。這次，牠不再那麼頑皮了，於是，我拿出口袋裡的糖果

想和牠一起分享，沒想到牠竟然狠狠的咬我的手掌，而且緊咬不放。頓時，血流如注，痛苦不堪的我立刻放聲大哭，三叔公看了，立即趕來打跑猴子，送我到醫院急診。

　　雖然事隔多年，但是我手上這一道被猴子咬傷的疤痕依然清晰可見。慘痛的教訓讓我明白，小動物雖然可愛，卻要小心、提防，才不會樂極生悲，後悔莫及。

（五）參考題目

1. 傷痕
2. 難忘的經歷
3. 童年往事
4. 自擬相關題目

第四十單元　午夜的聲音

（一）寫作引言

　　午夜時分，夜涼如水。當我們閉上眼睛，停止視覺干擾的時候，便是聽覺最敏銳的時候。

　　這時候，你聽到什麼聲音？那個聲音會讓你聯想到什麼？不同的聲音，帶來不同的感受，引發不同的幻想。希望你能藉由「午夜的聲音」，進入美好的創作世界裡。

（二）寫作指南

1. 午夜聽到劃破夜空的煞車聲，可以寫成呼籲大家「開車不喝酒，喝酒不開車」的論說文。

2. 午夜聽到小貓挨餓受凍的呻吟聲，可以寫成一篇和寵物有關的文章。

3. 午夜聽到青蛙「呱呱」的叫聲，可以寫成一篇「青蛙王子」的童話故事。

4. 午夜聽到「嗚嗚」作響的風聲，可以寫成一篇「美國狼人在臺灣」的恐怖故事。

5. 午夜聽到樹葉掉落的聲音，可以寫成一首「秋天來了」的童詩。

6. 午夜聽到有人吹口琴的聲音，可以寫成一篇受虐兒的淒涼故事。

7. 午夜聽到有人輕輕啜泣的哭聲，可以寫成一篇感人肺腑的「孤兒流浪記」。

8. 午夜聽到哥哥房間裡傳來隱隱約約的讀書聲，可以

寫成一篇寒窗下苦讀的勵志故事。

9. 午夜聽到隔壁打牌的聲音，可以寫成一篇賭博害人不淺的文章。

10. 午夜聽到夫妻吵架的聲音，可以寫成一篇「家和萬事興」的文章。

（三）寫作錦囊

馬不停蹄　非同小可　除暴安良　遊手好閒　首當其衝　青面獠牙　閒情逸致　轉危為安　餘音繞梁　震耳欲聾　針鋒相對　飽以老拳　雞犬不寧　金榜題名　飛來橫禍　難分難解　重見天日　風吹草動　雄心勃勃　遠走高飛

（四）佳作欣賞

午夜的狗叫聲／林美芳

　　「汪！汪！汪⋯⋯」最近，不知道哪裡來的野狗，一到午夜，總是叫個不停，偏偏我這幾天準備月考，已經緊張得睡不著覺，又遇上這陣陣的狗叫聲，真是「屋漏偏逢連夜雨」。

　　我再也忍受不了了，決定一探究竟。於是搖醒熟睡的哥哥，請他陪我一起去看一看。原本哥哥不答應，但是在我苦苦哀求下，他終於起床陪我去。

　　一打開大門，我們順著傳來聲音的地方前進。一會兒的工夫，來到了停車場，就在一輛舊汽車的輪子旁，我們發現一隻凍得發抖的小狗，看牠一副惹人憐愛的模樣，我和哥哥決定把牠帶回家。

　　起初，媽媽不贊成飼養，因為狗兒看起來又髒又臭。為了讓牠能獲得「批准」留下，我趕緊捲起袖子，替牠「美容」一番。果然，在我細心的整理下，小狗「改頭換面」，和先前的模樣簡直天壤之別。媽媽看我忙進忙出，再也不忍心拒絕，只好答應。

　　自從小毛加入我們的生活以後，帶給我們不一樣的生活樂趣，就連原來不接受牠的媽媽，晚飯後，總是喜歡和爸爸牽著牠去公園遛達，左鄰右舍的叔叔、阿姨都誇獎媽媽把小狗照顧得那麼好，那麼健康漂亮，讓她聽了，心花怒放，高興得不得了！

　　或許是緣分吧！要不是那午夜的狗叫聲，引起我的注意，我們也不可能擁有可愛的小毛。雖然在別人的眼裡，牠是一隻不起眼的小土狗，但是小毛的出現，卻帶給我們一家人許多歡樂，所以我一定要好好珍惜牠、愛護牠。

（五）**參考題目**

1. 苦狗流浪記
2. 快樂的森林
3. 聽到花開的聲音
4. 自擬相關題目

第四一單元　鏡子

（一）寫作引言

　　鏡子是我們最常見的日用品，種類繁多，用途廣泛。鏡子是公正無私的，無論是達官顯貴、販夫走卒，在鏡子前都真實的呈現，無所遁形。

　　請各位同學針對有形或無形的鏡子，發表你的看法。

（二）寫作指南

1. 你看過什麼樣的鏡子？它們各有什麼功用？整裡服裝儀容，觀察車子後方的情形，或是其他的功能？

2. 為什麼我們日常生活中離不開鏡子？如果沒有鏡子，我們的生活會變成如何？

3. 除了有形的鏡子，內心是否也有一面鏡子？自我反省是不是心中的鏡子？

4. 你會不會常常自我反省？反省哪些事？孝順父母，友愛手足，用功讀書或為人處世？

5. 當朋友、同學的東西忘了拿，或是褲子的拉鍊忘了拉，你會適時提醒他嗎？你願意當他的鏡子嗎？

6. 你需要朋友當你的鏡子，時時提想你，處處關心你嗎？為什麼？

7. 唐太宗說：「以銅為鏡，可以正衣冠；以古為鏡，可以知興替；以人為鏡，可以明得失」另外，曾子每天反省三件事情。你明白他們的意思嗎？

8. 我們是不是應該時常照鏡子，保持外在的整齊與清潔？

9. 應該怎麼做，才能常常維持內心的清爽？

（三）寫作錦囊

精神抖擻　精神飽滿　彬彬有禮　不可或缺　蓬頭垢面　見賢思齊　紳士淑女　儀容端莊　林林總總　態度從容　求之不得　知錯能改　兄友弟恭　襲上心頭　格格不入　心靈清晰　無往不利　與生俱來　一無所獲　和樂融融

（四）佳作欣賞

鏡子／林美芳

　　我們全家人有一個共同的愛好，就是喜歡照鏡子。因為有鏡子，我們得以天天光鮮亮麗的出門，所以鏡子是我們的好朋友。

　　在爸爸的心目中，它是功不可沒的大功臣。爸爸一向非常注意儀表，每天一大早，總會在鏡子前面好好打理自己，而後才出門上班。誰知有一次，爸爸因為前一天應酬，太晚回家，結果隔天睡過頭，匆匆忙忙趕到公司開會的爸爸，居然忘了關「石門水庫」。爸爸說他當時真想找一個地洞躲起來。由此可見，出門前照一照鏡子，是多麼重要啊！

　　在媽媽的心目中，它是一位隱形的美容師，雖然它不能像真正的美容師親自替媽媽化妝，卻可以提醒媽媽哪邊應該再加強，怎麼修飾會更美，所以它是媽

媽化妝的好幫手。有一回，媽媽還用有趣的口吻說：「天底下如果沒有鏡子的存在，那一定是愛美女性的遺憾。」

　　在我的心目中，它是禮儀大使。前陣子，學校舉辦「笑容天使」的選拔大賽，班上的老師、同學都一致推選我出來參賽，當時我好緊張又好興奮，很希望自己能夠贏得好成績，奪得冠軍。那段期間，我出門上學前和放學回家後，總是和鏡子「膩」在一起，因為它會不吝嗇的告訴我，應該怎麼展現笑容是最自然、親切。就這樣，一而再，再而三的對著鏡子練習微笑。最後，終於不負眾望，勇奪「笑容天使」的冠軍。

　　「鏡子啊！鏡子！你真是我日常生活的好幫手，無私的將我的優點、缺點呈現出來，你的精神真值得我效法啊！」這是我對鏡子衷心感恩的話。

（五）參考題目

1. 反省是一面鏡子
2. 內在美與外在美
3. 鏡子的啟示
4. 自擬相關題目

第四二單元　守法與自由

（一）寫作引導

　　崇尚自由，必得遵守法律。「守法」與「自由」是相輔相成的，密不可分。

　　法律是維持社會治安最有效的工具；如果大家不遵守法律，社會就會一團混亂，人們的生活就失去保障，更說不上自由了。

　　現金社會，民眾的守法觀念日益淡薄，亂象叢生。現在，我們就來探討這個和民眾權益息息相關的問題。

（二）寫作指南

1. 說明「守法」與「自由」兩者之間的關係。
2. 要享受自由，必得守法。
3. 唯有人人守法，大家才能享有真正的自由。
4. 法律是維持社會秩序的利器，也是保障人民自由的工具。
5. 人人守法，自由才有保障。例如：世界民權發達的國家，由於人民最守法，所以生活最自由。
6. 如果大家不守法，社會會變得怎麼樣？治安敗壞，民眾連安心出門的自由也沒有。
7. 說明自由的可貴。俗話說：「生命誠可貴，愛情價更高，若為自由計，兩者皆可拋。」
8. 什麼叫作自由？國父說：「一個人的自由，以不侵犯他人自由為自由，才是真自由。」

9. 講求自由，就必須守法。可以舉一些生活上相關的例子。例如學生、軍人、交通。

10. 現在，我們的政府決心貫徹民主政治的政策，但是民眾欠缺守法的觀念，以致社會出現亂象。

11. 期望大家都能……

（三）寫作錦囊

除惡務盡　息息相關　樹德務本　一體兩面　信賞必罰　奉公守法　規規矩矩　行動自由　不堪設想　搶劫凶殺　暴力橫行　勵精圖治　貫徹民主　無法無天　不自由，毋寧死。　國因法律而昌，法律因人而昌。為了享受自由，我們必須控制自己的行為。

（四）佳作欣賞

守法與自由／林美芳

　　生活在這自由、民主、法治的國家中，自由是多麼美好，但是，在享受自由的同時，我們必須守法。只有人人守法，大家才能享有真正的自由，保障自己的生命、財產的安權。

　　法律是維護社會秩序與安寧的法寶，也是保障人們生命財產、人身安全的護身符。人們遵守法律，不認意違反，這就是守法。就像在廣大無邊的天空中，也要遵循航空規則，否則後果不堪設想。所以，無論何時何地，守法的行為是十分重要的。

　　有句話說得好：「生命誠可貴，愛情價更高，若為自由計，兩者皆可拋。」自由是如此的珍貴，犧牲

生命與愛情也在所不惜。但是，什麼叫作自由？國父說：「一個人的自由，以不侵犯他人的自由為自由，才是真自由。」因此，我們明白，只有在法治之下，才能享有真正的自由。法治與自由，原來是一體兩面，息息相關啊！

　　如今，民眾普遍缺乏「守法」的觀念，以致違法亂紀的事情時有所聞，古時候「夜不閉戶，路不拾遺」的境界早已淪為幻想。期望大家都能守法，推己及人，化社會暴戾為祥和，享受自由甜美的果實。

（五）參考題目

1. 守法與愛國
2. 如何養成守法的習慣
3. 民主的精神
4. 自擬相關題目

第四三單元　成功與失敗

（一）寫作引言

「成功」與「失敗」看似對立，其實關係是密不可分。很多人喜歡「成功」時的喜悅，不願承受「失敗」的挫折。

各位同學，你對「成功」與「失敗」的看法又是如何？請將意見表達出來。注意文章的布局與字詞的鍛鍊，寫出條理分明的論說文。

（二）寫作指南

1. 成功與失敗看似對立，其實兩者間的關係是怎樣？
2. 能不能成功，決定於什麼？信心還是毅力，或者兩者都是？
3. 世界上找得出不願意失敗，最後而能成功的例子嗎？
4. 成功的因素是什麼？是要有毅力，不怕失敗，要有理想，或是其他的原因？
5. 如果失敗了，應該抱持什麼態度？不屈不撓，檢討缺點，再接再厲，或是其他？
6. 我國歷史上有什麼例子，來證明「失敗為成功之母」？越王句踐的臥薪嘗膽，或國父推翻滿清，建立民國？
7. 現代生活中，又有什麼例子？如發明大王愛迪生、美國職籃麥可·喬丹的故事。
8. 又例如學騎腳踏車、溜冰或是小孩學走路等，如果

當初因為一點點失敗就逃避，最後有可能學成嗎？

9. 跌倒並不可恥，可恥的是什麼？

（三）寫作錦囊

按部就班　努力不懈　得意忘形　一步登天　振奮精神　激勵人心　精神頹廢　一蹶不振　扭轉乾坤　循序漸進　重蹈覆轍　不屈不撓　愈挫愈勇　百折不回聚沙成塔　百尺竿頭　失敗為成功之母　十年生聚，十年教訓。　一分的天才，加上九十九分的努力。　行百里者半九十

（四）佳作欣賞

成功與失敗／林美芳

每個人的成功背後，都有無數個失敗的經驗，因此，成功與失敗，有如父母兄弟關係，密不可分。

古今中外，多少名人一步步，不怕失敗，辛苦而成功。如國父孫中山先生，就是懷著不向失敗低頭，不怕阻礙的決心，革命了十一次才成功。又如發明大王愛迪生，更以「一分的天才，加上九十九分的努力」，自我期許，歷經種種的失敗，才嘗到成功的果實。由此可知，成功絕非偶然，必須經過失敗的層層考驗。

俗語說：「失敗為成功之母。」我們從小就必須接受失敗的洗禮。例如每個人不可能一生下來就會走路，而是要經過一次又一次的跌倒，一次又一次的大哭，失敗了，不怕困難，再站起來，不斷的努力。因此，禁不起失敗的痛苦，就不能得到成功的喜悅。

　　所謂「人一能之，己百之；人十能之，己千之。果能此道矣，雖愚必明，雖柔必強。」所以，只要勤於嘗試，不畏挫折、失敗，將來必能登上成功的高峰。

（五）參考題目

1. 如何獲得成功
2. 失敗為成功之母
3. 天資和成功
4. 自擬相關題目

第四四單元　談孝順

（一）寫作引言

　　古人說：「百善孝為先。」孝順是中華民族流傳五千年的固有美德，也是為人處世最重要的德性。但是，各位同學可知道什麼叫作孝順，為什麼要孝順，如何來孝順？現在，就請同學舉出實例，寫一篇關於「孝順」的文章。

（二）寫作指南

1. 孝順是不是我國固有的傳統美德？

2. 什麼叫作孝順呢？孝是孝敬、尊敬，還是其他解釋？

3. 順是服從、順從，還是另有別意？

4. 為什麼要孝順父母？是因為父母生育我們、養育我們，辛辛苦苦把我們撫養長大，還是其他的原因？

5. 你是否希望將來年老時，遭受子女的遺棄？為什麼？

6. 社會新聞常有獨居老人死亡的消息，他們為什麼去世好幾天才被人發現？

7. 小羊總是跪著吃奶。老烏鴉年紀大了，小烏鴉會叼著小蟲餵老烏鴉吃。人如果不孝順，是不是連禽獸都不如？

8. 古時候有沒有孝順的故事令你印象深刻？黃香溫床、孟宗哭筍、臥冰求鯉，或是其他的故事？

9. 在你的身邊，有沒有孝順的同學或朋友？有的話，

也可以加以描述。

10. 我們應該如何孝順父母？請具體的描述。

（三）寫作錦囊

天倫之樂　含辛茹苦　風雨無阻　無微不至　不分晝
夜　入孝出悌　天寒地凍　兄友弟恭　承歡膝下　光
宗耀祖　關懷備至　無忝所生　恩重如山　渾然不知
慈烏反哺　至理名言　羔羊跪乳　扇枕溫席　百善孝
為先　身體髮膚，受之父母，不敢毀傷，孝之始也。
今之孝者，是為能養。至於犬馬，皆能有養。不孝，
何以別乎？　樹欲靜而風不止，子欲養而親不待。

（四）佳作欣賞

談孝順／林美芳

古人說：「百善孝為先。」孝順是中華民族流傳
五十年的固有美德。所謂孝順，就是平日尊敬父母、
順從父母。

為什麼要孝順父母？因為自從我們呱呱墜地那
一刻起，到長大成人，父母親辛辛苦苦撫養我們，在
這過程中，不知費了多少苦心，這樣的恩惠比天高、
比海深，因此，我們要回報父母的恩情，孝順父母。
那，要如何孝順父母呢？我認為應做到下列四點：

一、幫助父母分擔家務：父母為了讓我們衣食無慮，
　　每天早出晚歸，如果我們多利用課餘之暇幫忙看
　　顧弟妹，打掃庭院，以及料理家事等等，便可以
　　減輕父母親的負擔。

二、順從父母：在學校做個規規矩矩的好學生，在家裡做一個乖巧、懂事的孩子。聽從教導，不做讓父母傷心的事情，才不辜負雙親對我們的一番苦心。

三、努力求學：父母親送我們到學校，主要是希望我們在校能專心學習、用功讀書，以後學有所成，能貢獻社會，因此，我們要多努力，認真求學。

四、注意父母和自己的健康：父母一年到頭辛勤工作，養育我們，往往忽略了自己的身體健康，因此，身為子女的我們，應該盡力關心父母。另外，我們的身體是父母賜予的，必須好好愛惜，以免讓父母心疼。

　　以上四點，只是基本的孝順之道。我們應時時刻刻牢記父母的恩惠，並切切實實的孝順父母，這樣，才不辜負父母對我們殷切的照顧和深深的期許。

（五）參考題目

1. 孝順的真諦

2. 談孝道

3. 天下父母心

4. 自擬相關題目

第四五單元　手腦並用

（一）寫作引言

　　牛有蠻力，虎有爪牙，鳥能飛天，蛇能入地，人類天生體能沒有一樣能比得過牠們。可是，人類終究能成為宇宙的主宰，所憑藉的就是萬能的雙手及靈活的大腦。只要我們用心思考，勤奮努力，沒有什麼事情是無法完成的。從古至今，所有的文明都是「手腦並用」的結果，請同學列舉實例，加以說明。

（二）寫作指南

1. 人類為什麼能成為「萬物之靈」？
2. 所有文明的創造，是否是「手腦並用」的結晶？
3. 如果只有頭腦很聰明，卻不肯動手做事，會有什麼結果？
4. 如果只有雙手勤奮努力，卻不用大腦思考，結果是如何？
5. 古今中外，有哪些例子可以證明「手腦並用」的結果？萬里長城、金字塔、太空科技……
6. 我們求取知識是否也需要手腦並用？
7. 個人讀書應如何手腦並用？用腦思考，專心研究，動手實驗或操作演算？
8. 手腦並用是否為讀書的不二法門？
9. 在現今科技日新月異的時代裡，是否更應該注重手腦並用？
10. 你要如何手腦並用，將來才能貢獻國家，造福人

群？

（三）寫作錦囊

茹毛飲血　萬物之靈　巧妙運用　創造發明　偷搶詐
騙　為非作歹　事在人為　鴻圖大展　相輔相成　融
會貫鑿　迎頭趕上　一日千里　日新又新　胼手胝足
日出而作，日落而息。　叫天天不應、叫地地不靈。
手腦並用是科技的泉源，進步的良方。

（四）佳作欣賞

手和腦／林宗毅

　　手和腦之間有密切的關係，手代表勤勞，腦代表
智慧。幫父母做家事，如果只動手不動腦，只會愈幫
愈忙；如果只動腦，卻不去實行，也是枉然的。所以，
我們要手腦並用，這樣，才能達到事半功倍的效果。

　　有些人，只會動手工做，卻不動腦筋思考。例如
古時候，有一位老先生，為了大家出入方便，決定把
山移開，便千辛萬苦，一擔接著一擔，一代接著一代
的移山，雖然顯得有些駑鈍，但是他這種勤奮的精神，
真讓人敬佩。

　　然而也有些人，只動頭腦，卻不動手，這種人最
讓人看不起。例如從前有一個農夫，在耕田時，忽然
看到一隻兔子撞到樹而歸西了，便把兔子抓起來帶回
家，賣得許多錢。從此以後，他每天都在樹下等著。
後來，不但沒獵到兔子，農作物也枯萎凋謝了，真是
得不償失。

另外，也有些人不動手也不動腦。例如以前有一個人叫張偉，家財萬貫，所以每天都出去大吃大喝，他不但不知用智慧賺取錢財，也不勤奮工作，最後，他的金銀財寶全部花光了，只好到處流浪乞討。像這種人，最讓人瞧不起呀！

不過，有的人能手腦並用，例如萊特兄弟，他們從小就特別喜歡科學，長大以後，運用他們的勤奮與智慧，發明了飛機，造福人群。所以，我們要勤奮，這樣才有豐富的收穫。

以上的例子，證明「要耕耘才有收穫」。所以，只要「手腦並用」，就會有非凡的成就。

（五）參考題目

1. 手和腦
2. 人類進步的力量
3. 手與腦的對話
4. 自擬相關題目

第四六單元　談「說話」

（一）寫作引言

　　說話，看似簡單，其實是一門很深的學問。有的人表面上滔滔不絕，可是言不及義，使人聽了似懂非懂，百般無趣；有的人雖然只是三言兩語，但是言簡意賅，有如暮鼓晨鐘，發人深省。各位同學，你對「說話」的看法是如何？

（二）寫作指南

1. 說，人人都會說，可是說得好的人，是寥寥無幾，還是多如過江之鯽？

2. 如果說話不得體，是否惹人討厭？能不能舉出自己或同學的親身經歷？

3. 從電視新聞或是報章雜誌，是不是常常發現因為一言不和就大打出手的衝突事件？

4. 說話是多麼重要的事，但是如何培養說話的能力？

5. 多讀書對說話有沒有幫助？為什麼？

6. 說話的態度重要嗎？應有何種態度？

7. 說出口的話，像潑出去的水一樣，所以，在說話之前，是否要多想想？

8. 只要能培養好「說話」的能力，人際關係是不是會更好，更受大家歡迎？除此之外，還有別的好處嗎？

（三）寫作錦囊

時有所聞　滔滔不絕　謹言慎行　刻不容緩　空洞乏味　言之有物　一針見血　面目可憎　虛情假意　精誠所至　三言兩語　暮鼓晨鐘　幽默風趣　口若懸河　禍從口出　脫口而出　三思而行　能言善道　出口成章　言簡意賅

（四）佳作欣賞

談「說話」／林美芳

以說話表達自己的看法是一門很深的學問。

一個人如果一天到晚嘴巴滔滔不絕的嘰哩呱啦，從來不深思熟慮，必定惹人厭煩。就拿我們班上的芝怡來說好了。

有一次，曉芳心血來潮，在家刻意打扮，而後才到學校上課。本來，芝怡是想好好稱讚曉芳的衣服是多麼好看，結果她對曉芳說：「這件衣服款式新穎，剪裁特別，只可惜你太胖了。」只見曉芳氣得火冒三丈，不再和芝怡多交談半句，真是禍從口出啊！

從電視新聞報導不難發現，時下的年輕朋友，血氣方剛，說話不經過大腦加以判斷，導致處處可見因為一言不合而引發雙方在街頭互相打鬥，造成傷亡的事件。

說話是多麼重要啊！因此，在平時我們應該多閱讀一些有關如何使自己言談舉止都能得體的書籍，並且時時刻刻提醒自己言多必失，多言必敗。說話的時

候將心比心，體會對方的感受，使「說話」成為溝通的橋梁，拉近彼此間的距離。

　　總之，「說話」是人與人之間相處最好的潤滑劑，我們應重視且好好學習。如果大家都能多說好話，相信我們的人際關係將會更融洽。

（五）參考題目

1. 談「禍從口出」
2. 「說話」的重要
3. 如何來說話
4. 自擬相關題目

第四七單元　談自信心

（一）寫作引言

　　每個人從小到大，難免經歷各種大大小小的打擊，那種失敗的挫折，深深的烙印在記憶的深處，難以忘懷。而引導我們衝破難關，勇往直前的巨大力量，就是自信心。

　　的確，自信心能讓「滄海變成桑田」，能「化腐朽為神奇」。現在，請同學以「自信心」為主題，發表你的看法。

（二）寫作指南

1. 什麼是自信心？如：一個人處理某件事情，相信自己能力一定能達成的想法。

2. 自信心有何重要？面對艱鉅的任務，是否可以藉一股必勝必成的自信心而達成？

3. 舉古時候的例子說明：愚公移山、句踐復國。

4. 舉近代的例子說明：國父革命、金門綠化運動。

5. 舉國外的例子說明：發明大王愛迪生、克服殘障的海倫凱勒。

6. 如果缺乏自信心的話，情況會如何？患得患失或一事無成？

7. 能舉出因缺乏自信心而失敗的例子嗎？如越南人民對自己及政府失去信心，終致亡國？

8. 有了以上的實例，你覺得自信心重要嗎？

9. 如何培養自信心？樂觀或積極？請你具體說明。

（三）寫作錦囊

迎刃而解　綽綽有餘　周全準備　下定決心　克服萬難　患得患失　弄巧成拙　一敗塗地　戰戰兢兢　鼻青臉腫　自我肯定　搖尾乞憐　莊敬自強　風雨同舟　團結合作　愈挫愈勇　能自信則為人所不能欺　天下無難事，只怕有心人　風雨生信心

（四）佳作欣賞

談自信心／林美芳

　　一個人要立足於社會，最重要的事掌握自己的原則，肯定自己，對自己有自信心，朝既定的方向全力以赴，相信再大的困難也能迎刃而解。

　　一般人常有畏苦怕難、苟且偷安的心態。雖然剛開始時，懷著遠大的抱負，但是，一旦失敗了，立刻心灰意冷。其實，這是自信心不夠的緣故。那麼，應該如何建立自信心？

第一、熱愛自己，堅持原則：熱愛自己並非排斥他人，而是在開放的胸襟中，熱愛自己，肯定自己。只要我們能堅持原則，必能產生擇善固執的勇氣，為理想衝刺。

第二、結交益友，集思廣益，找尋共同解決的方法。所以，在人生的道路上擁有一位鼓勵自己，讓自己更有自信的朋友，是相當重要的。

第三、嘗試錯誤，面對自己：建立自信心最好的方法，就是多方面嘗試，不要害怕失敗。如果能夠養

成失敗後不退縮、不逃避，認真的檢討缺失，經過評估以後，重新出發，相信一定能讓自己更有自信。

俗話說得好：「天下無難事，只怕有心人。」只要我們有信心，凡事全力以赴，不斷惕勵自勉，一定能邁向更光明燦爛的前程。

（五）參考題目

1. 自信的重要
2. 自信與驕傲
3. 自信與自強
4. 自擬相關題目

第四八單元　分享

（一）寫作引言

　　結婚的時候，我們會發喜帖給親朋好友，讓大家來分享自己的喜悅；當我們在競賽項目獲得錦標的時候，我們會告訴自己的家人、師長、同學，讓他們一同分享成功的喜悅。所以，《聖經》上說：「分享的快樂加倍的多。」

　　在我們的日常生活中，有許多事物都值得分享，我們也在分享的過程中，體會到分享的快樂。現在就請各位同學以「分享」為題，提出自己的看法與感受。

（二）寫作指南

1. 孫越叔叔曾說：「好東西要與好朋友分享。」為什麼分享讓自己更快樂？難道自己一個人獨享就不快樂嗎？請你寫出自己的看法。

2. 慶生會的時候，為什麼壽星要切蛋糕分享在場的每一個人？如果自己獨自一個人唱生日快樂歌，一個人吹蠟燭，一個人吃蛋糕，那種感受又是如何呢？

3. 世上有哪些事物可以與大家分享？知識？經驗？財物？成就？悲傷？喜樂？還是其他的事物？

4. 古今中外，有哪些人懂得分享，讓世界更美好？畢昇發明了活版印刷術？諾貝爾捐出所有的財產，成立「諾貝爾基金會」？或是其他的例子？

5. 親朋好友會因為什麼事情，與大家分享呢？結婚？生子？購屋？生日壽宴？考上第一志願？中獎？

或是其他的事情？

6. 你會和大家分享什麼事情？書法比賽第一名？親手試做的餅乾？一本好書或好文章？好看的電視節目？好聽的歌曲？旅遊的心情？打電動玩具的經驗？或是其他的事情？

7. 當你和別人分享的時候，心情是如何？高興？喜悅？有成就感？或是其他的感受？

8. 當你心情低落或遇到不如意的事情，你會向家人或好朋友傾吐嗎？有了家人、好朋友的分擔與鼓勵，自己的心情是不是平復許多呢？

9. 有哪些損人不利己的壞事情，是不可以分享的？喝酒？抽煙？賭博？吸毒？吃檳榔？打架？偷竊？或是其他的壞事情？

10. 人間如果能多一分分享，是不是就能多一分溫暖？如果我們沒有分享的對象？即使有極高的成就，是不是會鬱鬱寡歡呢？

11. 古人說：「獨樂樂，不如眾樂樂。」所以，我們應該怎麼做呢？請你提出自己的看法和感想。

（三）寫作錦囊

滿腹經綸　設身處地　噓寒問暖　津津有味　促膝談心　平淡無奇　尋尋覓覓　大開眼界　敞開心門　鬱鬱寡歡　索然無味　孤陋寡聞　意興闌珊　芸芸眾生　慷慨解囊　天涯海角　不落人後　傾囊相授　樂在其中　息息相關　樂善好施　三五好友　損人不利己

獨樂而無友，則孤陋而寡聞

（四）佳作欣賞

分享的滋味／林美芳

　　「與你分享的快樂，勝過獨自擁有，至今我仍深深感動」。每當我聽到伍思凱的這首歌，我總是會想起已經過世的爺爺。

　　從小到大，爺爺是最疼愛我的人，我最喜歡和爺爺一起到土地公廟前的榕樹下乘涼、聊天。爺爺常常告訴我許多為人處事的道理，他告訴我：「人生最大的快樂就是懂得與人『分享』」。爺爺用親切的語氣繼續說道：「如果我們一生中只懂得斤斤計較，深怕別人佔自己便宜，那麼日子一定過得緊張又痛苦，相反的，我們只要懂得分享，不去計較，人與人相處就會更加的圓融。」我似懂非懂的聽著，把爺爺的話牢牢的記在心裡。

　　有一天晚飯過後，全家人在客廳一起看電視，看見新聞主播神情嚴肅的報導「南亞大海嘯」的消息，電視畫面傳來陣陣哀嚎的哭聲，那一幕讓我印象深刻。隔天爺爺在社區的活動中心發起了「捐款救南亞」的活動，期盼大家能夠共襄盛舉，一起幫幫這些落難的人，早日脫離苦海。

　　可是一開始，街坊鄰居並沒有很熱烈的參與，所以爺爺只好挨家挨戶的拜訪，並且說明捐款的原因和目的，爺爺忙著四處奔走，連飯都顧不得吃。爸爸和

媽媽看了心中十分不捨，就想出了一個點子，我們將連日來有關南亞大海嘯造成慘重死傷的報導，做成兩大張醒目的海報，貼在活動中心門口，再加上爺爺不斷的募款，果然漸漸受到大家的注意，社區裡不分男女老幼，有錢出錢，有力出力，當然我也是愛心不落人後，我把自己這幾年存的零用錢全數捐出來。不過，奇怪的是，我捐出了零用錢竟然一點也不心疼，反而覺得自己很了不起。當我這樣告訴爺爺的時候，爺爺摸摸我的頭說：「孩子！你終於懂得分享的滋味了。」

雖然事隔多年，但是分享的快樂滋味久久無法忘懷。

（五）參考題目

1. 分享的快樂

2. 施比受，更有福

3. 分享的真諦

4. 自擬相關題目

第二輯　輕鬆學好成語

※國小水平

第一單元　下課十分鐘

（一）成語解釋

1. 一刻千金：形容時間非常珍貴。
2. 一掃而空：指全部消失或掃除乾淨的意思。
3. 不分軒輊：比喻彼此實力相當，不分高低。
4. 手不釋卷：手中常常拿著書本，勤奮讀書。
5. 心花怒放：形容十分快樂的樣子。
6. 人山人海：形容人很多，聚集在一起的樣子。
7. 大快人心：令人覺得心裡很痛快。
8. 口若懸河：比喻人的口才很好。
9. 天花亂墜：形容說話過分誇張，言過其實。
10. 分工合作：大家合力完成一件事情。
11. 五體投地：比喻非常佩服的樣子。
12. 生龍活虎：指精神很好的樣子。
13. 人滿為患：因人多而造成麻煩或問題。
14. 不甘示弱：不情願表現得比別人差。
15. 好學不倦：形容用功求學，一點都不覺得疲倦。
16. 千方百計：指用盡各種方法和計謀。

（二）成語填空

1. 下課的時間對我來說，是【　　　　　】，我總是特別珍惜。
2. 一聽到班上即將舉辦旅遊的消息，同學們各個

【　　　　】，手舞足蹈。

3. 元宵節的晚上，公園一片【　　　　】，處處擠得水洩不通。

4. 這屆世界杯棒球賽，中華隊能連續擊敗日本隊、韓國隊，真是令人【　　　　】。

5. 營養午餐實在太好吃了，所有的菜都被同學們【　　　　】。

6. 林同學在演講比賽中台風穩健，【　　　　】，贏得冠軍。

7. 拔河比賽競爭激烈，兩隊表現不分上下，【　　　　】。

8. 月考一天一天逼近了，所以下課的時候有許多同學仍然【　　　　】的用功。

9. 他上課遲到了，不但不坦白認錯，還【　　　　】得編了一大堆理由。

10. 打掃的時候，大家【　　　　】，把教室整理得乾乾淨淨。

（三）成語連連看

好學　•　　　　　　• 百計

五體　•　　　　　　• 投地

生龍　•　　　　　　• 不倦

千方　•　　　　　　• 活虎

不甘　•　　　　　　• 為患

人滿　•　　　　　　• 示弱

第二單元　我這個人

（一）成語解釋

1. 相貌堂堂：儀表壯偉。

2. 拖泥帶水：指做事、說話、寫作等不夠簡潔、乾脆。

3. 好高騖遠：一味嚮往高遠的目標而不切實際。

4. 安步當車：慢慢的走，當作乘車。形容悠閒自在、不慌忙。

5. 蒸蒸日上：比喻事業不斷進步發展，蓬勃興盛。

6. 對牛彈琴：比喻對不懂道理的人講道理，彼此無法溝通。

7. 盡善盡美：形容事物極為完善美滿。

8. 求新求變：追求變化、更新。

9. 精益求精：不斷努力求進步。

10. 滿腹經綸：比喻人具有治國本事，泛指人的才識豐富。

11. 察言觀色：觀察人的言語神情以揣測對方的心意。

12. 少年老成：年紀雖輕，言行舉止卻成熟穩重。

13. 文質彬彬：文采和實質均備，配合諧調。後用以形容人舉止文雅有禮。

14. 欲罷不能：想要停止卻做不到。

15. 獨當一面：獨力擔當一方的重任。

16. 矯揉造作：虛假做作不自然。

（二）成語填空

1. 我做事情不喜歡【　　　　　】。

2. 求學問得從根基做起，不可【　　　　　】，妄想一步登天。

3. 放學回家的時候，我喜歡【　　　　　】，慢慢欣賞沿途的風景。

4. 爸爸做事態度認真，業績【　　　　　】。

5. 我做事總希望能【　　　　　】，不讓師長失望。

6. 我們做事應秉持【　　　　　】的態度，才能更臻完美。

7. 我希望將來成為一位【　　　　　】的學者，為社會服務。

8. 每次玩電動的時候，我總是【　　　　　】。

9. 經過多年的磨鍊，他已經可以【　　　　　】了。

10. 她的心思很細密，善於【　　　　　】，所以很少得罪人。

（三）成語連連看

矯揉 •　　　　　　　　　• 造作

文質 •　　　　　　　　　• 老成

少年 •　　　　　　　　　• 求變

求新 •　　　　　　　　　• 彈琴

對牛 •　　　　　　　　　• 堂堂

相貌 •　　　　　　　　　• 彬彬

第三單元　給○○的一封信

（一）成語解釋

1. 思古幽情：因為懷古而觸發的幽深情意。

2. 歲月如梭：比喻日子消逝得很快。

3. 不以為忤：不當作是冒犯、違逆，指不生氣、不在意的樣子。

4. 難以言喻：很難用言語來形容。

5. 以訛傳訛：指將不實的言論繼續傳播下去。

6. 思前想後：指仔細盤算、反覆思量。

7. 曲徑通幽：形容景色迷人雅致。

8. 波光粼粼：指波光閃動的樣子。

9. 光怪陸離：光怪，怪異的光景；陸離，色彩紛雜的樣子。形容事物現象奇異。

10. 吉人天相：善良的人自會有上天的保祐、幫助。

11. 百口莫辯：形容人受到冤屈，卻無法申辯。

12. 扶老攜幼：形容群眾結伴而行。

13. 別開生面：指開創新的風格或形式。

14. 耿耿於懷：因某件事縈繞於心中，久久不能釋懷。

15. 捨近求遠：比喻人迂腐而不切實際。

16. 順心遂意：事情的發展完全符合自己的心意。

（二）成語填空

1. 記得才剛進學校，沒想到【　　　　　】，轉眼就要畢業了。

2. 阿里山【　　　　　】，空氣清新，是名聞中外的旅

遊勝地。

3. 黃昏的日月潭【　　　　　】，煙波浩渺，真是美極了！

4. 我經過三年的努力，終於考上理想中的學校，興奮之情【　　　　　】。

5. 我【　　　　　】，總覺得這個計畫有些不妥。

6. 我昨天晚上做了一場【　　　　　】的夢，說了你也不信。

7. 在事情還沒有證實以前，不要聲張出去，以避免【　　　　　】。

8. 你對於我的批評不但【　　　　　】，反而欣然接受，真讓人敬佩。

9. 我相信他【　　　　　】，老天爺會保祐他度過這次的危機。

10. 今年的國慶煙火吸引了大批民眾【　　　　　】，前來觀賞。

（三）成語連連看

思古　•　　　　　　　•　求遠

百口　•　　　　　　　•　莫辯

別開　•　　　　　　　•　幽情

耿耿　•　　　　　　　•　於懷

捨近　•　　　　　　　•　生面

順心　•　　　　　　　•　遂意

第四單元　我的家庭

（一）成語解釋

1. 寬大為懷：以寬大的胸襟來待人處世。
2. 滔滔不絕：形容說話連續而不間斷。
3. 一言九鼎：只說話很有分量。
4. 含辛茹苦：形容受盡各種辛苦。
5. 白手起家：不依靠任何家產而獨立興起家業。
6. 三姑六婆：比喻喜歡搬弄是非的婦女。
7. 心直口快：個性直爽，說話直接了當，不拐彎抹角。
8. 小題大作：比喻將小事當成大事來處理，故意誇張。
9. 畢恭畢敬：形容極為恭敬。
10. 出神入化：形容技到達高超絕妙的境界。
11. 刻苦耐勞：形容不怕辛苦，工作勤奮。
12. 引吭高歌：放開喉嚨，高聲唱歌。
13. 和顏悅色：形容態度和藹、面露喜悅。
14. 廢物利用：把原本廢棄的物品改造或加工變為可以用的東西。
15. 樂善好施：樂於行善，喜好施捨、幫助他人。
16. 老當益壯：年紀雖大但是志氣卻更加豪壯。

（二）成語填空

1. 爸爸【　　　　　　】的工作態度，贏得上司的賞識與重用。
2. 爸爸的魔術表演【　　　　　　】，已經有職業的水準。

3. 他雖然當上了董事長，但是一見到長輩仍然
【　　　　】。

4. 你們就為了這點小事反目成仇，未免太【　　　　】
了吧？

5. 妹妹一向【　　　　】，如果有得罪的地方，希望
請你多多包涵。

6. 爸爸不靠任何人，【　　　　】創立了傲人的企業。

7. 媽媽【　　　　】的一手把孩子拉拔大。

8. 哥哥說話【　　　　】，朋友們有什麼困難都會找
他幫忙。

9. 弟弟【　　　　】的敘述他在學校中的一切，我們
都聽得津津有味。

10. 爸爸一向【　　　　】，別人犯了錯，他總是原諒
對方。

（三）成語連連看

老當　•　　　　　　　　• 益壯

樂善　•　　　　　　　　• 六婆

廢物　•　　　　　　　　• 好施

和顏　•　　　　　　　　• 利用

引吭　•　　　　　　　　• 悅色

三姑　•　　　　　　　　• 高歌

第五單元　我的第一次

（一）成語解釋

1. 夜闌人靜：指深夜裡十分寂靜。

2. 一言難盡：事情非常複雜，無法用簡單的　言語說得清楚。

3. 信手拈來：比喻寫文章的時候，取材、下　筆極為容易而順暢。

4. 易如反掌：比喻事情很容易做到。

5. 哄堂大笑：眾人同時大笑。

6. 迫不得已：迫於無奈，不得不如此。

7. 一板一眼：指言行謹守法規，有條有理。

8. 美中不足：事物雖然美好，但其中仍有某　些缺陷。

9. 畏首畏尾：做事十分戒慎恐懼的樣子。

10. 胡思亂想：雜亂而不切實際的想。

11. 千言萬語：形容要說的話很多。

12. 苦盡甘來：艱苦的困境結束，已經漸漸進　入幸福的境地。

13. 不了了之：通常諷刺不負責任的態度。

14. 一氣呵成：一口氣完成。

15. 事過境遷：事情發生很久，環境也已經改　變。

16. 不屈不撓：形容不因為壓力或困難而屈服。

（二）成語填空

1. 提起我第一次拔牙的過程，真是【　　　　　】。

2. 半夜的時候，我的牙齒痛得受不了，【　　　　】，只好請媽媽帶我去醫院掛急診。

3. 直到【　　　　】時，他還在為隔天的比賽積極準備。

4. 學習語言要堅持到底，不要半途而廢，【　　　　】。

5. 他的台風穩健，口若懸河，演講對他來說，簡直是【　　　　】。

6. 第一次英文演講比賽讓我成長許多，雖然【　　　　】，我還是難以忘懷。

7. 比賽的時候，要專心一意，不可【　　　　】。

8. 他突然做了一個滑稽的表情，惹得同學們【　　　　】。

9. 只要我們努力不懈，堅持到底，總有【　　　　】的一天。

10.他的演講【　　　　】，博得同學們熱烈的喝彩。

（三）成語連連看

不屈 ·　　　　　　　· 不撓

千言 ·　　　　　　　· 一眼

畏首 ·　　　　　　　· 畏尾

美中 ·　　　　　　　· 萬語

信手 ·　　　　　　　· 拈來

一板 ·　　　　　　　· 不足

第六單元　日記一則

（一）成語解釋

1. 百感交集：形容各種思緒、感觸交互錯雜在一起。

2. 反躬自省：檢討反省自己的言行。

3. 大海撈針：比喻東西很難找到或事情難以完成。

4. 恍然大悟：指忽然完全明白的意思。

5. 聚沙成塔：本指兒童堆積泥沙成佛塔的遊戲；比喻慢慢累積，也會有成果。

6. 大驚小怪：因小事而過分聲張、驚怪。

7. 形形色色：各式各樣，種類繁多。

8. 小心翼翼：形容不敢疏忽，非常謹慎的樣子。

9. 表裡如一：言行和思想一致。

10. 衝口而出：直接說出口，不經任何思考。

11. 一勞永逸：指經過一次的辛勞，就能獲得永久的安逸。

12. 溫故知新：指複習學過的知識，學習新的知識。

13. 吹灰之力：比喻很小的力量。

14. 有始有終：做事情有頭有尾，貫徹到底。

15. 三心二意：形容人做事猶豫不決的樣子。

16. 引人入勝：指文藝作品或景物非常吸引人。

（二）成語填空

1. 每天晚上他都會【　　　　　】，並且將心得寫在日記裡。

2. 他每天都會【　　　　　】，所以成績常常名列前茅。

3.哥哥的個性心直口快,常常心裡有話就【　　　　】,因此容易得罪人。

4. 弟弟把剛組合好的飛機模型,【　　　　】的擺在玻璃櫃裡。

5. 百貨櫥窗內擺滿了【　　　　】的商品,令人看了眼花撩亂。

6. 只不過是一隻蟑螂,何必【　　　　】呢?

7. 只要努力不懈,一定能【　　　　】,顯現成果。

8. 經過他一番說明,我才【　　　　】,徹底明白了。

9. 想找回失竊已久的腳踏車,有如【　　　　】般的困難。

10.爸爸是說到做到,【　　　　】的人。

（三）成語連連看

引人　•　　　　　　•　永逸

三心　•　　　　　　•　交集

有始　•　　　　　　•　入勝

吹灰　•　　　　　　•　之力

一勞　•　　　　　　•　有終

百感　•　　　　　　•　二意

第七單元　○○遊記

（一）成語解釋

1. 遊山玩水：遊覽山水風景。

2. 忙裡偷閒：在忙碌的生活中抽出空閒時間。

3. 驚心動魄：形容刺激驚險，令人害怕。

4. 筋疲力竭：形容非常疲倦。

5. 山光水色：形容山水的美景。

6. 天朗氣清：天色清朗，氣候溫和。

7. 不虛此行：表示行動的結果令人滿意。

8. 綠草如茵：形容綠草濃密柔軟，好像鋪席墊一般。

9. 乘風破浪：順著風，破浪前進或比喻不畏艱難，奮勇前進。

10. 五彩繽紛：形容色彩繁多，鮮豔絢麗。

11. 碧波萬頃：形容水色碧綠，廣闊無邊的樣子。

12. 萬紫千紅：形容百花盛開的景象。

13. 無拘無束：自由自在而不受約束。

14. 絡繹不絕：指連續不斷的樣子。

15. 歸心如箭：形容回家的心意十分迫切。

16. 滿載而歸：形容收穫豐富。

（二）成語填空

1. 現代人生活往往緊張單調，如果能【　　　　】到郊外去走走，一定有益身心健康。

2. 週休二日，爸爸最喜歡帶我們到處【　　　　】，欣賞優美的風景。

3. 今天【　　　　】，是個郊遊踏青的好日子。

4. 西子灣的海邊，常有帆船遨遊在藍藍的海上，
【　　　　】的航行。

5. 日月潭的風景秀麗，【　　　　】，景色宜人。

6. 每到假日，清境農場都可看到【　　　　】的遊客。

7. 這趟出國令我大開眼界，真是【　　　　】啊！

8. 夜空中【　　　　】的煙火，令人目不暇給。

9. 每次出去玩，我們一定玩得【　　　　】，才心滿意足的回家。

10. 在畢業旅行的最後一晚，有些同學【　　　　】，
恨不得能馬上回家。

（三）成語連連看

滿載 •　　　　　　　　• 千紅

無拘 •　　　　　　　　• 無束

萬紫 •　　　　　　　　• 而歸

光水 •　　　　　　　　• 水色

綠草 •　　　　　　　　• 動魄

驚心 •　　　　　　　　• 如茵

第八單元　童話故事改編

（一）成語解釋

1. 跋山涉水：形容走了長遠的路途，十分艱苦。

2. 有眼無珠：比喻沒有眼光，缺乏辨別能力。

3. 登高一呼：比喻具有影響力的領導者出面提倡或號召。

4. 人地生疏：對當地的人、事、物感到陌生。

5. 刀光劍影：形容械鬥激烈的場面。

6. 不得而知：無法知道。

7. 暗無天日：比喻黑暗，沒有光明。

8. 揮金如土：比喻非常奢侈。

9. 大刀闊斧：比喻做事情果斷有魄力。

10. 冰天雪地：形容氣候十分寒冷。

11. 浩浩蕩蕩：指水勢盛大壯闊的樣子；形容規模宏大、氣勢雄壯。

12. 虎視眈眈：比喻心懷不軌，想要找機會搶奪。

13. 所向無敵：形容力量強大，或技術高深，無人能比。

14. 擇善固執：選擇正確的事去做，而且堅持到底。

15. 出生入死：形容不畏艱險，把生死置之度外。

16. 拍案叫絕：形容對事物非常的讚賞。

（二）成語填空

1. 國王才剛剛過世，許多奸臣都在一旁【　　　　】，伺機篡位。

2. 遊行的隊伍【　　　　】的前進，歡迎王子終於回

到自己的國家。

3. 這位新上任的國王勤政愛民，【　　　　】的改革陋習，使整個國家煥然一新，受到萬民的擁戴。

4. 他一想到以前【　　　　】的牢獄生活，就不寒而慄。

5. 他為人剛正，【　　　　】，所以每個人都希望和他做好朋友。

6. 來到陌生的國家，由於【　　　　】，常常會思念家鄉的親人。

7. 至於王子與公主是否過著幸福快樂的日子，就【　　　　】了。

8. 賣火柴的女孩在【　　　　】的街角瑟縮著，祈求路人憐憫的目光。

9. 他的部隊軍紀嚴明，敵人早已聞風喪膽，所以每一場戰役都【　　　　】。

10. 他【　　　　】，歷盡千辛萬苦，終於找到理想中的桃花源。

（三）成語連連看

出生 •　　　　　　　　• 入死
揮金 •　　　　　　　　• 一呼
刀光 •　　　　　　　　• 如土
登高 •　　　　　　　　• 劍影
拍案 •　　　　　　　　• 叫絕
有眼 •　　　　　　　　• 無珠

第九單元　假如我是總統

（一）成語解釋

1. 莫逆之交：指心意相投的朋友。

2. 一諾千金：形容言出必行，一旦許諾別人，必定做到。

3. 運籌帷幄：指居於幕後的謀劃或決策。

4. 允文允武：稱讚人同時具備各方面的才能。

5. 迎刃而解：比喻事情很容易解決。

6. 勢如破竹：比喻進行順利，毫無阻礙。

7. 棋逢敵手：下棋時碰上了實力相當的對手；比喻雙方實力差不多。

8. 說一不二：形容說話算數，說到做到。

9. 心馳神往：心神專注於事物上。

10. 一望無垠：形容寬廣、遼闊的樣子。

11. 孤苦伶仃：貧苦孤單，無依無靠。

12. 隨心所欲：順著自己的心意去做事。

13. 移花接木：比喻暗中更換人、事、物，來欺騙他人。

14. 名山大川：著名的高山與河川。

15. 賓至如歸：形容主人的招待親切而周到，使賓客好像回到家裡一般。

16. 安居樂業：人民生活安定和樂，而且都有自己喜歡的工作。

（二）成語填空

1. 如果我是【　　　　】的將軍，不知該有多好。

2. 如果我是大富翁，我就可以【　　　　】的環遊全世界。

3. 假如我是大飯店的老闆，我一定讓所有的遊客擁有【　　　　】的感覺。

4. 假如我是旅行家，我就可以遊遍【　　　　】，過著閒雲野鶴的生活。

5. 如果我是總統，國家施政在我的【　　　　】之下，一定能蒸蒸日上。

6. 如果我是總統，我要讓人民過著【　　　　】的生活。

7. 他做事情總是全力以赴，遇到問題也能【　　　　】。

8. 這場冠亞軍之戰，雙方【　　　　】，不相上下。

9. 在張教練的帶領下，比賽過程【　　　　】，贏得最後的勝利。

10. 他一向說話算話，【　　　　】。

（三）成語連連看

移花　•　　　　　　　•　之交

孤苦　•　　　　　　　•　伶仃

一望　•　　　　　　　•　接木

心馳　•　　　　　　　•　神往

說一　•　　　　　　　•　無垠

莫逆　•　　　　　　　•　不二

第十單元　下雨了

（一）成語解釋

1. 無緣無故：沒有任何理由或原因。
2. 傾盆大雨：形容雨勢又大又急。
3. 司空見慣：比喻經常看到，不足為奇。
4. 快馬加鞭：形容速度快上加快。
5. 隨機應變：遇到事情能跟著情況的改變而採取靈活的處置。
6. 可想而知：指理所當然的意思。
7. 苦中作樂：在困苦當中仍然能找出歡樂。
8. 豁然開朗：形容開闊明亮。
9. 視若無睹：形容對眼前的事物毫不注意。
10. 無影無蹤：消逝得沒有蹤跡。
11. 眼明手快：指眼光銳利，動作敏捷。
12. 心煩意亂：心情煩躁，思緒紊亂。
13. 臨渴掘井：比喻事到臨頭才想辦法解決。
14. 燃眉之急：指事態嚴重，情況十分危急。
15. 怡然自得：欣悅而自己覺得滿足的樣子。
16. 木石心腸：比喻心腸像木石一般冷硬。

（二）成語填空

1. 就快要下雨了，我【　　　　　】的趕回家。
2. 天空已經飄起了毛毛雨，他卻【　　　　　】的走回家。
3. 下雨了，媽媽【　　　　　】的把晾在衣架上的衣服

收起來。

4. 在夏日的午後，湛藍的天空忽然烏雲密布，不久就下起【　　　　】了。

5. 山上的天氣變化多端，一會兒晴空萬里，一會兒烏雲密佈，我早已【　　　　】。

6. 早上叫他帶著傘出門，他又忘記了，現在果然下起大雨，結果當然是【　　　　】了。

7. 雖然下雨不能出去玩，但是他【　　　　】，在水溝旁玩紙船。

8. 午後的雷陣雨終於停了，天色【　　　　】。

9. 剛剛掛在天邊的一道彩虹，一轉眼竟然消失的【　　　　】了。

10. 雖然已經下了半個月的雨，不過他看起來好像一副【　　　　】的樣子，絲毫不受影響。

（三）成語連連看

燃眉 •　　　　　　　• 心腸

臨渴 •　　　　　　　• 無故

心煩 •　　　　　　　• 應變

隨機 •　　　　　　　• 意亂

無緣 •　　　　　　　• 掘井

木石 •　　　　　　　• 之急

第十一單元　我的○○

（一）成語解釋

1. 正大光明：行事坦蕩，公正無私。

2. 作育英才：培育優秀的人才。

3. 大公無私：處事公正無私，毫無偏袒。

4. 不苟言笑：形容態度嚴肅，不隨便說笑。

5. 吹毛求疵：比喻刻意挑剔缺點或過失。

6. 古道熱腸：形容待人仁厚、熱心。

7. 未卜先知：形容有先見之明。

8. 以身作則：以自己的言行舉止做榜樣。

9. 沉默寡言：性情沉默，很少說話。

10. 有口皆碑：比喻每個人都稱讚、頌揚。

11. 呱呱墜地：比喻誕生。

12. 言猶在耳：指對人所說的話記憶猶新。

13. 至理名言：很有價值的道理或言論。

14. 疲於奔命：指事情很多，奔波勞累，不堪其苦。

15. 風雨無阻：不論發生何種情況，行動或心意依舊不變。

16. 笑容可掬：笑容滿面，情意洋溢，似乎可以掬取的樣子。

（二）成語填空

1. 爸爸是一位【　　　　　】的老師，他的許多學生在各行各業都有很出色的表現。

2. 爸爸平日【　　　　　】，個性拘謹，很少與人閒聊。

3. 他處事【　　　　】的作風，贏得了眾人的讚賞。

4. 爸爸對我們的要求很高，但是不會【　　　　】。

5. 爸爸教育子女的態度，向來是【　　　　】，言教與身教並重。

6. 爸爸好像有【　　　　】的能力，我想說什麼，他都知道。

7. 爸爸每天出門送羊奶，【　　　　】，數年如一日。

8. 爸爸做事一向【　　　　】，不怕別人說長道短。

9. 爸爸鼓勵我要多參加社團活動，改掉【　　　　】的個性。

10. 爸爸去世已經八年了，可是他對我的教誨【　　　　】，不敢忘懷。

（三）成語連連看

笑容　•　　　　　　　　•　墜地

疲於　•　　　　　　　　•　名言

至理　•　　　　　　　　•　熱腸

呱呱　•　　　　　　　　•　可掬

有口　•　　　　　　　　•　奔命

古道　•　　　　　　　　•　皆碑

第十二單元　運動會

（一）成語解釋

1. 龍爭虎鬥：比喻兩強爭鬥激烈，勢均力敵的情況。

2. 瞠乎其後：比喻落後很多，追趕不上。

3. 大失所望：指非常失望的意思。

4. 旗鼓相當：比喻競賽雙方勢均力敵。

5. 揮汗如雨：比喻流很多汗。

6. 脫穎而出：才能超越眾人。

7. 從容不迫：態度沉著、不慌張。

8. 實至名歸：比喻真才實學的人，獲得應有的美稱。

9. 全力以赴：投入全部的心力以達成目的。

10. 汗流浹背：形容工作辛勞或非常慚愧、驚恐的樣子。

11. 百折不撓：形容意志剛強，雖然受盡挫折，仍然能堅持到底。

12. 伯仲之間：比喻程度相當，不相上下。

13. 引人側目：引來他人斜視的目光。常指不好的事情。

14. 悶悶不樂：心情鬱悶不快樂。

15. 盡其在我：盡自己最大的心力，做好應做的事。

16. 不知不覺：不自覺。

（二）成語填空

1. 在運動會上，選手們展開一番精彩激烈的
【　　　　　】。

2. 運動選手們【　　　　】，為自己的班級爭取最高的榮譽。

3. 他的跑步的速度很快，對手們【　　　　】，望塵莫及。

4. 這場拔河比賽，雙方【　　　　】，難分軒輊。

5. 本以為他會奪得冠軍，結果卻令人【　　　　】。

6. 他在這場比賽中【　　　　】，名列前茅。

7. 他輸了比賽卻不服氣，當眾咆嘯，【　　　　】。

8. 每當他輸了比賽，總是【　　　　】。

9. 他每天不斷的辛苦練習，終於獲得這項比賽的冠軍，真是【　　　　】。

10. 運動員要有【　　　　】的精神，才能攀上勝利的巔峰。

（三）成語連連看

旗鼓　·　　　　　　　　·　如雨

揮汗　·　　　　　　　　·　不迫

從容　·　　　　　　　　·　不覺

汗流　·　　　　　　　　·　相當

百折　·　　　　　　　　·　浹背

不知　·　　　　　　　　·　不撓

第十三單元　讀書心得

（一）成語解釋

1. 一應俱全：應有的一切都十分齊全。

2. 輕描淡寫：形容簡單的描寫或敘述。

3. 滴水穿石：比喻只要努力不懈，就能夠成功。

4. 能屈能伸：指人在失意時能克制忍耐，得意時能施展抱負。

5. 料事如神：形容預測事情的發展很準確。

6. 多多益善：愈多愈好。

7. 莫衷一是：無法得出一致的結論。

8. 業精於勤：學業的精進，在於勤奮努力。

9. 自給自足：生產和消費維持平衡，可以獨立營生，不必仰賴他人。

10. 坐井觀天：比喻眼界狹小。

11. 蛛絲馬跡：比喻可以藉由線索或跡象尋查推求事情的根源。

12. 沁人心脾：形容感受深刻。

13. 利人利己：對別人和自己都有好處。

14. 異曲同工：比喻形式、方法等雖然不同，效果則相同。

15. 心路歷程：心裡所經歷的過程。

16. 扣人心弦：形容感人極深。

（二）成語填空

1. 對於這次讀書報告的主題，大家議論紛紜，
【　　　　】。

2. 寫讀書心得的時候，應該具體詳盡，將心中感受與
體會描述出來，不要【　　　　】。

3. 媽媽鼓勵我多讀好書，【　　　　】。

4. 愛迪生憑著【　　　　】的毅力，成為世上最偉大
的發明家。

5. 孔明足智多謀，【　　　　】，是三國時代的風雲人
物。

6. 這本書剛剛讀的時候，覺得十分精采，讀的越多遍，
越有【　　　　】的感受。

7. 這兩本書雖然主題不一樣，卻能傳達相同的意涵，
有【　　　　】之妙。

8. 這本小說的情節十分【　　　　】，看完後仍令人
回味無窮。

9. 只要風調雨順，大多數的農家都可以【　　　　】。

10. 老師常勉勵我們：「【　　　　】荒於嬉，行成於思
毀於隨」。

（三）成語連連看

利人 •	• 利己
蛛絲 •	• 觀天
一應 •	• 馬跡
能屈 •	• 俱全
坐井 •	• 能伸
心路 •	• 歷程

第十四單元　月夜憶友

（一）成語解釋

1. 千頭萬緒：形容思緒、事情煩亂複雜。

2. 天南地北：比喻距離很遙遠或形容話題廣泛，無所不談。

3. 心廣體胖：比喻心胸開闊沒有煩惱，形貌自然舒泰。

4. 清風明月：形容景色涼爽清幽。

5. 不可限量：不限制在某種程度之內。

6. 春風得意：形容志得意滿的歡愉神情。

7. 失之交臂：錯失很好的機會。

8. 夜幕低垂：指天黑的的意思。

9. 舊地重遊：再度回到曾經去過的地方遊玩。

10. 俯仰之間：形容短暫的時間。

11. 馬到成功：比喻順利獲致成功。

12. 一線希望：比喻極小的期望、願望。

13. 亭亭玉立：形容女子秀麗的模樣。

14. 否極泰來：比喻情況壞到極點後，就能逐漸好轉。

15. 萬里迢迢：形容路途十分遙遠。

16. 侃侃而談：說話從容不迫的樣子。

（二）成語填空

1. 想寫信給你，只是一時之間【　　　　】，不知從何寫起。

2. 真希望能找時間聚一聚，能【　　　　】好好的聊

一聊。

3. 我們曾經來到此處，如今【 　　　　】，更增添了幾分感慨。

4. 多年不見，想必妳已出落得【 　　　　】了。

5. 希望能在溪頭住個三五天，享受幾天【 　　　　】，與世無爭的生活。

6. 祝福你這次參加聯考能【 　　　　】。

7. 原來他考上第一志願的學校，難怪他看起來【 　　　　】的樣子。

8. 這是一個千載難逢的機會，你可要好好的把握，不要【 　　　　】喔！

9. 希望你好好努力，相信前途是【 　　　　】的。

10.有了你的鼓勵，我的心中又興起了【 　　　　】。

（三）成語連連看

侃侃 •	• 體胖
萬里 •	• 迢迢
否極 •	• 而談
俯仰 •	• 泰來
夜幕 •	• 低垂
心廣 •	• 之間

第十五單元　媽，我好愛您！

（一）成語解釋

1. 骨瘦如柴：形容非常瘦弱的樣子。
2. 充耳不聞：形容故意不理會或不願意聽取他人的意見。
3. 逆來順受：順從忍受惡劣的環境或不合理的待遇。
4. 掌上明珠：父母所鍾愛的女兒。
5. 慷慨解囊：毫不吝嗇的援助別人。
6. 淚如泉湧：眼淚像泉水一般湧流而出；形容非常傷心。
7. 堂堂正正：形容光明正大的樣子。
8. 無理取鬧：比喻不合情理的吵鬧。
9. 無計可施：想不出對策。
10. 徹頭徹尾：指從頭到尾的意思。
11. 感恩圖報：感激他人的恩德，並且設法報答。
12. 喜出望外：因意想不到的喜事，而顯得特別高興。
13. 順心遂意：事情的發展符合自己的心意。
14. 循規蹈矩：遵守規矩。
15. 恩重如山：指恩惠情義深重的意思。
16. 腳踏實地：比喻做事情穩健務實。

（二）成語填空

1. 她的兒子生了這場大病以後，變得【　　　　　】。
2. 媽媽苦口婆心的勸導，他卻【　　　　　】，一意孤行。

3. 我是媽媽的【　　　　　】，受到媽媽無盡的關懷與照顧。

4. 媽媽是個富有愛心的人，面對需要幫助的人，經常【　　　　　】，毫不吝嗇。

5. 媽媽常常教悔我們，做人要【　　　　　】，不可做出有愧天地良心的事。

6. 他經過這次教訓，個性終於【　　　　　】的改變了。

7. 做人如果不知【　　　　　】，那與禽獸有什麼兩樣？

8. 父母總希望自己的孩子事事【　　　　　】，身體健康。

9. 弟弟賴在地上【　　　　　】，惹得媽媽更加生氣。

10. 父母待我們【　　　　　】，我們不可做出有辱父母，令父母傷心的事。

（三）成語連連看

腳踏 •	• 實地
循規 •	• 可施
喜出 •	• 望外
淚如 •	• 蹈矩
逆來 •	• 順受
無計 •	• 泉湧

第十六單元 「為什麼」故事

（一）成語解釋

1. 放眼天下：縱觀全世界。

2. 沒沒無聞：一點名氣也沒有。

3. 顧此失彼：指不能全面兼顧的意思。

4. 後來居上：指後來或較晚學習的人，超越前人。

5. 戰戰兢兢：指小心謹慎的樣子。

6. 勇冠三軍：指英勇出眾，無人能及，非常勇猛的樣子。

7. 前思後想：經過再三的考慮思量。

8. 領先群倫：指才華出眾，超越其他人。

9. 心有餘悸：形容危險的事情雖然已經過去，但回想起來心裡仍緊張、害怕。

10. 烏合之眾：比喻一群無紀律的人集合在一起，但是維持不久，不能互相依靠。

11. 心神不寧：指心思精神不安寧。

12. 山重水複：形容地形複雜。

13. 俯拾皆是：形容到處都有，很容易就可以得到。

14. 聽其自然：任憑人、事、物自然發展。

15. 一筆勾銷：全部取消或作廢。

16. 事出有因：事情的發生必有理由、原因。

（二）成語填空

1. 他的劍術高超，【　　　　　】還找不到幾個對手。

2. 她在沒遇見王子前，只是個【　　　　　】的女孩。

3. 他同時做好幾件事情，結果【　　　　】，一事無成。

4. 這場比賽，他以【　　　　】之勢，勇奪冠軍。

5. 他【　　　　】的完成眾人交付的使命。

6. 這件事我【　　　　】，總覺得處理得不好。

7. 他雖然逃過一劫，但是現在回想起來，還是【　　　　】。

8. 這一群【　　　　】，終究成不了大事。

9. 他一副【　　　　】的模樣，不知道遇上什麼困難。

10. 這段路【　　　　】，所以人跡罕至。

（三）成語連連看

事出　•　　　　　　　• 群倫

一筆　•　　　　　　　• 勾銷

聽其　•　　　　　　　• 有因

俯拾　•　　　　　　　• 皆是

領先　•　　　　　　　• 自然

勇冠　•　　　　　　　• 三軍

第十七單元　暑假生活記趣

（一）成語解釋

1. 技高一籌：能力或才藝高人一等。
2. 不落人後：形容做事態度積極，不輸他人。
3. 疲於奔命：指事情繁多，奔波勞累，不堪其苦的樣子。
4. 應付裕如：指處理事情從容不迫的樣子。
5. 入境問俗：到一個新地方，要先打聽當地的風俗習慣。
6. 一技在身：擁有某種專長或技能。
7. 不得要領：沒有辦法掌握到事物的要點和方法。
8. 不切實際：不符合現實的需要或狀況。
9. 圖文並茂：圖畫和文章都非常豐富優美。
10. 不情之請：不合情理的請求；常使用於請託時的客套話。
11. 一面之緣：只見過一次面而已。
12. 予取予求：原本是指由我這裡取用索求；引申為任意取求，索求無度。
13. 避暑勝地：指適合避開暑氣的優美地方。
14. 面目一新：改變原樣，呈現新貌。
15. 為時已晚：從時效上來看已經來不及了。
16. 光說不練：只有空談而無實際的行動。

（二）成語填空

1. 在暑假的市長盃籃球比賽，我隊【　　　　　】，壓

倒群雄，勇奪冠軍。

2. 他一口氣報名了很多活動和課程，使得他
【　　　　】，疲憊不堪。

3. 只要你的功課【　　　　】，你要參加幾個社團都
可以。

4. 有人說萬貫的家財，不如【　　　　】。

5. 這個暑假計畫規劃得很【　　　　】，你還是重新
擬定吧！

6. 清境農場是中台灣有名的【　　　　】。

7. 他【　　　　】的態度，已經引起了大家的反感。

8. 雖然我們只有【　　　　】，但是卻相談甚歡。

9. 做事情如果【　　　　】，往往會事倍功半。

10. 他的暑假作業不但內容充實，而且【　　　　】，
製作十分用心。

（三）成語連連看

不落 •	• 之請
入境 •	• 問俗
不情 •	• 人後
面目 •	• 不練
為時 •	• 已晚
光說 •	• 一新

第十八單元　○○的自述

（一）成語解釋

1. 血氣方剛：形容年輕人的精力旺盛，容易衝動。

2. 如箭在弦：好像箭已經搭在弦上；比喻勢在必行的意思。

3. 親如手足：形容像兄弟一般的親密。

4. 插翅難飛：指長了翅膀也飛不走；比喻難以逃走脫身。

5. 萬無一失：指絕對不會發生差錯；形容極有把握。

6. 名滿天下：形容名聲傳播得很廣。

7. 劫後餘生：指歷經災難後而得以保存性命。

8. 舉步維艱：行走困難；比喻環境困厄，難以前進。

9. 言之成理：指說的話非常有道理。

10. 克盡己職：指能夠善盡自己的職責。

11. 性命交關：指性命到了重要關頭；形容事情關係重大，非常緊要。

12. 延年益壽：延長壽命。

13. 始終如一：自始至終都沒改變。

14. 抱頭鼠竄：形容倉皇逃走時狼狽的模樣。

15. 忠心耿耿：形容十分忠誠的意思。

16. 寸步不離：緊緊跟隨著，一小步也不離開。比喻關係密切，形影不離。

作文書寫技巧

（二）成語填空

1. 我雖然是一輛性能優異的跑車，但是我的主人【　　　　】，常常讓我遍體鱗傷。

2. 我們的感情很好，【　　　　】。

3. 他的年紀雖然輕，棋藝卻已經【　　　　】。

4. 這次的計劃十分縝密，一定【　　　　】。

5. 警方已經布下天羅地網，相信他【　　　　】，非束手就擒不可。

6. 這次的大火，讓【　　　　】的人們不禁相擁痛哭。

7. 他一向能【　　　　】，所以深受長官的器重。

8. 這時候正是【　　　　】之際，我們更應該團結一致，共度難關。

9. 只要媽媽一進家門，小弟弟就【　　　　】的黏著她。

10. 她從事汽車維修的工作已經數十年了，對汽車的熱愛【　　　　】。

（三）成語連連看

如箭 ·　　　　　　· 成理

舉步 ·　　　　　　· 維艱

言之 ·　　　　　　· 在弦

延年 ·　　　　　　· 耿耿

抱頭 ·　　　　　　· 鼠竄

忠心 ·　　　　　　· 益壽

第十九單元　一次難忘的經驗

（一）成語解釋

1. 沒齒難忘：指永遠難以忘記。
2. 不知所云：說話或文章的內容模糊、重點不清楚，無法讓人了解其意旨。
3. 怦然心動：指對某件事產生了興趣。
4. 渾然忘我：融入事物的處境中而忘了自己的存在。
5. 生死關頭：比喻情勢十分急迫，攸關生死的關鍵時刻。
6. 利害得失：指獲得利益或損失。
7. 另闢蹊徑：另外再尋求其他的途徑或方法。
8. 平心靜氣：心情平和，態度冷靜。
9. 雖敗猶榮：指即使失敗了，仍然光榮。
10. 正襟危坐：整理好服裝儀容，端正的坐好；形容莊重嚴肅的樣子。
11. 出言不遜：形容人講話無禮傲慢的樣子。
12. 躊躇滿志：指志得意滿的樣子。
13. 遠渡重洋：飄洋過海到了外國。
14. 獨領風騷：形容表現傑出，超越群倫。
15. 因噎廢食：因為曾被噎著，而不吃東西；比喻因為出了小問題，而放棄整件重要的事。
16. 自食其力：指憑藉自己的力量養活自己。

作文書寫技巧

（二）成語填空

1. 第一次上台演講的經驗使我【　　　　】。

2. 第一次上台的演講的時候，我講到一半突然忘詞了，結果剩下的兩分鐘我一陣東拉西扯，連自己也【　　　　】。

3. 這次的演講比賽雖然失利了，但是，你這一次參加就有這樣的表現，也是【　　　　】。

4. 他經常恃才傲物，【　　　　】，同學朋友都對他敬而遠之。

5. 老師生氣的時候，同學們個個【　　　　】，噤若寒蟬。

6. 光著急也於事無補，你先【　　　　】，我們再好好商量對策。

7. 有一個小朋友突然從巷口衝出來，在這【　　　　】的時刻，幸虧爸爸即時將車停住，否則後果真是不堪設想。

8. 爸爸唱歌已經唱得【　　　　】了，你就算叫他，他也聽不見。

9. 他國小一畢業就【　　　　】到美國求學。

10. 爸爸說他大學四年都是【　　　　】，半工半讀完成的。

（三）成語連連看

怦然・　　　　　　・得失

利害・　　　　　　・廢食

另闢・　　　　　　・心動

躊躇・　　　　　　・滿志

獨領・　　　　　　・蹊徑

因噎・　　　　　　・風騷

第二十單元　儲蓄的好處

（一）成語解釋

1. 付諸東流：比喻前功盡棄或希望落空。

2. 細水長流：節約使用財物，使長久不缺乏；比喻一點一滴，不間斷的做某件事。

3. 開源節流：指開發財源增加收入，節省支出。

4. 指日可待：不久就可以實現。

5. 日積月累：逐日、逐月的長時間不斷的累積。

6. 一蹴可幾：比喻非常容易成功的意思。

7. 滴水穿石：比喻有志者，事竟成，只要努力不懈就能夠成功。

8. 集腋成裘：狐狸腋下的皮毛雖不多，但是聚集起來就可縫製成一件皮衣；比喻積少成多。

9. 量入為出：根據收入來斟酌開支。

10. 入不敷出：收入少而支出多。

11. 求同存異：求取共同點，保留不同處。

12. 坐吃山空：比喻只消費而不事生產，以致把家產吃光用盡。

13. 自奉甚儉：形容生活十分節儉。

14. 毫無節制：指絲毫沒有控制的意思。

15. 自食惡果：比喻做了壞事得到懲罰或報應。

16. 珠光寶氣：形容人用珠寶裝飾打扮，十分耀眼華麗。

（二）成語填空

1. 我們如果平日能夠【　　　　】，就可以增加很多儲蓄。

2. 儲蓄需要【　　　　】的努力，才能看到成果的。

3. 儲蓄是要靠一點一滴的累積，並非【　　　　】。

4. 小王成天吃喝玩樂，不知節制，難怪會【　　　　】。

5. 即使是家境富有的人也要懂得節儉，才能【　　　　】，不虞匱乏。

6. 他平日揮金如土，不知儲蓄，如今落到流落街頭的下場，真是【　　　　】，怨不得別人！

7. 多年的儲蓄，就因為一時的意外而【　　　　】。

8. 只要你能確實【　　　　】，相信致富的美夢是不難實現的。

9. 雖只是小小的十塊錢，但所謂【　　　　】，積存久了，仍然是一筆可觀的數目。

10. 只要你節制開銷，努力工作，你想要出國旅遊的心願應該是【　　　　】的。

（三）成語連連看

滴水 •　　　　　　　　• 寶氣

求同 •　　　　　　　　• 穿石

坐吃 •　　　　　　　　• 存異

自奉 •　　　　　　　　• 山空

毫無 •　　　　　　　　• 甚儉

珠光 •　　　　　　　　• 節制

※國中水平

第二一單元　颱風來襲

（一）成語解釋

1. 雷霆萬鈞：比喻威力十分強。
2. 傾盆大雨：形容雨勢大又急。
3. 慘不忍睹：形容情況悽慘，令人不忍目睹。
4. 體無完膚：形容受傷慘重。
5. 驚弓之鳥：比喻曾受打擊或驚嚇，往後稍有動靜就特別害怕的人。
6. 搖搖欲墜：形容形勢或物品不穩。
7. 滿目瘡痍：形容所見到的都是殘破不堪的景象。
8. 憂心如焚：內心憂慮好像火在焚燒。
9. 東倒西歪：歪倒傾斜、搖搖欲墜的樣子。
10. 不堪設想：無法計慮、想像。常用以形容情壞到極點。
11. 心驚膽戰：形容十害怕。
12. 七零八落：散亂不完整的樣子。
13. 人命關天：牽涉到人命，事關重大。
14. 備而不用：準備妥善而派不上用場。
15. 刻不容緩：形容情勢十分緊迫，一刻也不容耽擱。
16. 雨過天青：下雨過後，剛剛放晴。

（二）成語填空

1. 颱風挾著【　　　　　】之勢，朝台灣本島而來。

2. 上次的颱風使他變成【　　　　】，現在只要一聽到颱風來襲的消息，就急忙做好防颱的措施。

3. 颱風季節就要到了，堤防的建設更要加緊完工，【　　　　】。

4. 颱風來襲的午後，天空烏雲密布，下起【　　　　】。

5. 窗外風雨交加，雷聲隆隆，令人【　　　　】。

6. 街道的路樹，都被颱風吹得【　　　　】。

7. 強烈颱風過境，把庭院的花盆吹得【　　　　】。

8. 颱風過後，街上許多招牌都【　　　　】，險象環生。

9. 颱風雖然遠離台灣，不過所到之處滿目瘡痍，令人【　　　　】。

10. 如果不事先做好防颱措施，後果將【　　　　】。

（三）成語連連看

雨過 •　　　　　　　• 天青

備而 •　　　　　　　• 完膚

人命 •　　　　　　　• 關天

憂心 •　　　　　　　• 不用

滿目 •　　　　　　　• 瘡痍

體無 •　　　　　　　• 如焚

第二二單元　我喜好的事物

（一）成語解釋

1. 掉以輕心：處理事情的時候，漫不經心的態度。

2. 經年累月：比喻經過長久時間的累積。

3. 隨風搖曳：隨著風而搖動。

4. 動如脫兔：比喻動作十分敏捷。

5. 遊刃有餘：比喻對於事情能勝任愉快，從容不迫。

6. 置之不理：不加以理會。

7. 千錘百鍊：比喻文章經過多次的潤飾，或人生歷經許多的磨鍊。

8. 五花八門：比喻花樣繁多、變化多端。

9. 妙不可言：奇妙得很難述說。

10. 不亦樂乎：比喻事物發揮到極致，很高興的樣子。

11. 千辛萬苦：無數的艱難與困苦。

12. 不翼而飛：指物品無緣無故不見了。

13. 身體力行：親自體驗，努力實踐。

14. 唾手可得：唾手，往手上吐口水；比喻容易得到。

15. 十全十美：比喻圓滿美好的境界。

16. 各有千秋：各有各的長處和特色。

（二）成語填空

1. 等到要回家的時候，我才發現腳踏車已經【　　　　】了。

2. 看書的時候，要注意光線的照明度是否足夠，坐姿是否端正，不可【　　　　】。

3. 姊姊喜歡集郵，【　　　　】以後，收藏的郵票數量十分可觀。

4. 哥哥【　　　　】，行動敏捷，是個籃球高手。

5. 織毛衣對媽媽而言，簡直是如魚得水，【　　　　】。

6. 他的文章總是經過【　　　　】之後，才會將稿件寄出。

7. 妹妹收集的貝殼種類【　　　　】，非常精采。

8. 這本小說的情節曲折離奇，真是【　　　　】。

9. 歷經了【　　　　】，他終於在畢業前成為圍棋六段的高手。

10. 我喜好的事物，都是平日【　　　　】的事物。

（三）成語連連看

各有　•　　　　　　　• 搖曳

十全　•　　　　　　　• 十美

身體　•　　　　　　　• 千秋

不亦　•　　　　　　　• 力行

置之　•　　　　　　　• 不理

隨風　•　　　　　　　• 樂乎

作文書寫技巧

第二三單元　我最懷念的人

（一）成語解釋

1. 白雲蒼狗：比喻世事變化無常。

2. 人去樓空：重遊舊地時人事已非，或指對故人的思念。

3. 芸芸眾生：泛指世間所有的人。

4. 不分彼此：比喻彼此的感情非常親密。

5. 不省人事：因昏迷而失去知覺。

6. 離情依依：形容離別時難捨難分的情景。

7. 觸景傷情：看到眼前景象而覺得悲傷。

8. 以德報怨：不計較以前的仇恨，而以恩德回報對方。

9. 一日三秋：一天不見面，就好像隔了三年一樣；形容十分思念。

10. 挖空心思：指費盡心機的意思。

11. 見多識廣：指見聞廣泛，學識淵博。

12. 體貼入微：指照顧得十分周到。

13. 見義勇為：見到合乎正義的事，就奮勇的去做。

14. 櫻桃小口：形容女子的嘴脣小巧紅潤。

15. 百尺竿頭：比喻極高的境界。

16. 後會有期：希望以後還有相見的時候。

（二）成語填空

1. 在【　　　　　】中，你是我最懷念的人。

2. 我和他同甘共苦，【　　　　　】，他是我最要好的朋

友，也是我最懷念的人。

3. 我回到我們的故居，想要尋找昔日的玩伴，沒想到已是景物全非，【　　　　】。

4. 他從鞦韆上摔下來而【　　　　】，我趕緊通知老師前來處理。

5. 他的胸襟廣闊，凡事【　　　　】，令我佩服得五體投地。

6. 表姐遠到美國求學，雖然才經過半年，我卻覺得【　　　　】，希望她能早日學成歸國。

7. 當年我把【　　　　】所做的布偶送給你，不知你是否仍妥善的保存？

8. 他博學多聞，【　　　　】，對任何話題都能侃侃而談。

9. 在畢業的前夕，大家都顯得【　　　　】，難捨難分。

10. 你有寫作的才華，希望你【　　　　】，更進一步。

（三）成語連連看

後會 •　　　　　• 小口

見義 •　　　　　• 有期

體貼 •　　　　　• 勇為

觸景 •　　　　　• 入微

白雲 •　　　　　• 傷情

櫻桃 •　　　　　• 蒼狗

第二四單元　童年往事

（一）成語解釋

1. 青梅竹馬：引申為男女之間幼年時的親密的情誼。

2. 風和日麗：形容天氣十分晴朗。

3. 根深蒂固：比喻事物或觀念十分牢固、固執，不易動搖。

4. 索然無味：乏味無聊、沒有意思。

5. 娓娓動聽：形容講話生動好聽。

6. 前塵往事：指從前的舊事。

7. 打抱不平：仗義幫助被欺壓的人。

8. 促膝長談：比喻雙方關係親密，談話投機。

9. 疾言厲色：指生氣發怒的樣子。

10. 虛張聲勢：以誇大的聲威或氣勢，來嚇阻或欺騙他人。

11. 啞口無言：遭質問或駁斥時，話說不出來。

12. 泛泛之交：普通的交情。

13. 從善如流：比喻樂於接受別人善意的建議。

14. 失而復得：失去以後再獲得。

15. 歷歷在目：清楚的呈現在眼前。

16. 過眼雲煙：比喻事物消逝，不留痕跡。

（二）成語填空

1. 我和他是【　　　　　】的好朋友，感情非常好。

2. 【　　　　】如煙一般的消失了，令人唏噓不已。

3. 一轉眼畢業已經三年了，你最近好嗎？真想和你

【　　　　　】，好好的聊一聊。

4. 我看著我們的合照，往事【　　　　　】，彷彿又回到舊日的時光。

5. 他的觀念雖然是【　　　　　】，很難改變，不過我可以改變自己的觀念。

6. 他的個性急公好義，常常替人【　　　　　】。

7. 我和她是無話不說的好朋友，並非【　　　　　】。

8. 他的修養很好，我幾乎沒看過他【　　　　　】的樣子。

9. 你的建議很好，我會【　　　　　】的接受，並且加以修正這個企劃案。

10. 因為他把誤會解釋清楚了，他們的友誼才【　　　　　】。

（三）成語連連看

娓娓・　　　　　　　　・動聽

索然・　　　　　　　　・聲勢

風和・　　　　　　　　・日麗

虛張・　　　　　　　　・無味

啞口・　　　　　　　　・雲煙

過眼・　　　　　　　　・無言

第二五單元　四季

（一）成語解釋

1. 不可捉摸：指不能預期，變化不定的意思。

2. 春寒料峭：早春的寒風吹得讓人覺得有些冷。

3. 生生不已：孳生繁衍而不休止。

4. 柔能克剛：柔弱能克制剛強。

5. 良辰美景：美好的時光，迷人的景色。

6. 所見所聞：指眼睛所看到、耳朵所聽到的事物。

7. 打起精神：指振作精神的意思

8. 銷聲匿跡：隱藏形跡，不出現。

9. 一葉知秋：看見一片落葉便知道秋天已經到了；比喻由細微的徵兆，就可以推知事物的演變與趨勢。

10. 冰天雪地：形容氣候嚴寒。

11. 席不暇暖：喻極為忙碌，沒有時間休息。

12. 炎炎夏日：非常炎熱的夏天。

13. 歲寒三友：松、竹、梅三者的合稱；比喻堅毅不屈的高尚情操。

14. 無家可歸：形容境遇十分困窘，沒有依靠。

15. 四季如春：形容一年到頭都很暖和。

16. 天寒地凍：形容天氣十分寒冷。

（二）成語填空

1. 初春的天氣乍暖還寒，令人【　　　　　】。

2. 在細雨紛飛的清境農場，落英繽紛，更覺得【　　　　　】。

3. 春天一到，大地萬物呈現一片欣欣向榮，【　　　　】的景象。

4. 在【　　　　】裡，海水浴場　到處都是戲水的人潮。

5. 在嚴寒的日子裡，大部份的植物都是死氣沉沉，只有【　　　　】抵抗惡劣的天氣，屹立不搖，生氣盎然。

6. 冬風好像【　　　　】的野孩子，家家戶戶都緊閉著門窗。

7. 阿拉斯加位在【　　　　】，的北極附近。

8. 寒流來襲，外面【　　　　】路上行人稀少。

9. 臺灣【　　　　】，氣候非常宜人。

10. 她把在美國旅行的【　　　　】，一一記錄下來。

（三）成語連連看

席不　•　　　　　• 知秋

一葉　•　　　　　• 暖暖

銷聲　•　　　　　• 匿跡

打起　•　　　　　• 美景

良辰　•　　　　　• 精神

柔能　•　　　　　• 克剛

第二六單元　二十年後的我

（一）成語解釋

1. 有教無類：指施教的對象，沒有貴賤、智愚的分別。

2. 一事無成：在事業、功名上沒有任何成就。

3. 牙牙學語：形容嬰兒剛開始學說話的聲音。

4. 天羅地網：比喻非常嚴密的防範措施。

5. 成家立業：指組織家庭，建立事業。

6. 吳下阿蒙：比喻人學識淺陋。

7. 自力更生：用自己的力量維持生計。

8. 秀外慧中：形容女子容貌清秀，內心聰慧的樣子。

9. 眉清目秀：指容貌俊美清秀。

10. 東山再起：比喻失敗以後又捲土重來。

11. 餐風露宿：形容在野外生活或旅行的艱苦。

12. 埋頭苦幹：指心志專一，努力工作。

13. 衣錦還鄉：功成名就，榮歸故鄉。

14. 有志竟成：指立定志向去做，就一定會成功。

15. 生財有道：對致富發財很有心得。

16. 功成名就：指有成就，有名望。

（二）成語填空

1. 他希望十年後可以【　　　　】，不再依靠父母生活。

2. 他希望二十年後，成為一位【　　　　】、誨人不倦的老師。

3. 二十年後的我，也許是已經【　　　　】，擁有一

個美滿的家庭。

4. 二十年後的她，也許是【　　　　】，嫻慧溫柔的好媽媽。

5. 二十年後的我，可能是一位朝九晚五的上班族，我會終日【　　　　】，追求一片屬於自己的天地。

6. 二十年後的我，或許是一位【　　　　】的企業家。

7. 三十年後的我，也許會遭受到許多重大的挫折，但是我相信我會從失敗中汲取經驗，【　　　　】，重新建立自己的事業。

8. 我希望四十年後可以環遊世界，那怕一路上可能要【　　　　】，但是　我一定甘之如飴。

9. 他如今已經是國際知名的學者，已非昔日【　　　　】。

10. 這一次警方下定決心，布下了【　　　　】，一定要把兇手繩之以法。

（三）成語連連看

功成　•　　　　　　　•　學語

有志　•　　　　　　　•　名就

衣錦　•　　　　　　　•　還鄉

牙牙　•　　　　　　　•　竟成

一事　•　　　　　　　•　目秀

眉清　•　　　　　　　•　無成

作文書寫技巧

第二七單元　期待未來

（一）成語解釋

1. 無奇不有：任何稀奇古怪的事物或現象都有。

2. 南轅北轍：比喻彼此目的和行動完全不相同。

3. 四通八達：形容交通很便利。

4. 滄海桑田：大海變成桑田；比喻人生無常，世事多變。

5. 匪夷所思：不是根據常理所能想像得到的。

6. 不合時宜：不合乎當時的規定或常理。

7. 指點迷津：針對事物困難的地方，提供解決的辦法、方向或途徑。

8. 老態龍鍾：形容人年紀很大，行動遲緩不靈活。

9. 衣食住行：泛指人類生活的基本需求。

10. 瞬息萬變：形容事物在很短的時間內迅速轉變。

11. 並駕齊驅：比喻雙方的實力相當，不分上下。

12. 非同小可：形容事情的重要或情況嚴重。

13. 和衷共濟：比喻同心協力，共度困難。

14. 冰雪聰明：比喻非常機靈、聰明。

15. 勢不可當：來勢猛烈、迅速，不可抵擋。

16. 別有洞天：形容風景十分秀麗，引人入勝或比喻另外隱含的一種意境。

（二）成語填空

1. 未來的科技發展，真是令人【　　　　　】，難以想像啊！

2. 也許在五百年後，人們可以青春永駐，儘管是八十歲的老人，也不會滿臉皺紋，一副【　　　】的模樣了。

3. 五百年後的社會，人們的【　　　】能夠得到充分的照顧和滿足。

4. 宇宙究竟有多大？有待未來的科學家來【　　　】。

5. 除了發展科技外，人文素養的培養也是【　　　】，十分重要。

6. 人們的智慧與反應，在【　　　】的社會中，更是十分重要。

7. 我國的科技水準將邁入先進國家之列，和各國【　　　】。

8. 我和他的想法簡直是【　　　】，相差太遠了！

9. 天下之大，【　　　】，在未來的世界裡，也是如此。

10. 那孩子【　　　】，將來一定很有成就。

（三）成語連連看

別有　•　　　　　　•　可當
勢不　•　　　　　　•　共濟
和衷　•　　　　　　•　洞天
不合　•　　　　　　•　八達
滄海　•　　　　　　•　桑田
四通　•　　　　　　•　時宜

作文書寫技巧

第二八單元 回顧九二一‧迎向新未來

（一）成語解釋

1. 猝不及防：事情突然發生而來不及防備。
2. 排山倒海：形容力量十分巨大，氣勢壯闊。
3. 家破人亡：形容遭到災難的家庭，家人已經不存在了。
4. 怵目驚心：形容可怕的情景。
5. 備受威脅：特別感受到沉重的脅迫、壓迫。
6. 飛來橫禍：突然降臨的意外災害。
7. 洪福齊天：稱頌人福氣極大。
8. 天搖地動：形容震動的非常厲害。
9. 雪中送炭：比喻在他人艱困危急時，給予適時的援助。
10. 素昧平生：從來都不認識。
11. 地牛發威：俗稱地震。
12. 指揮若定：指發令調度時，有條不紊的樣子。
13. 繪聲繪影：形容講述或描摹事物十分生動逼真、細緻入微。
14. 天崩地裂：形容巨大的聲音。
15. 杯弓蛇影：形容沒將事情弄清楚就暗自驚慌害怕。
16. 眾志成城：比喻眾人團結一心的意思。

（二）成語填空

1. 地震時，只聽到一陣【　　　　　】的聲響，大批土石紛紛崩落。

2. 一場大地震【　　　　】而來，使人心驚肉跳。

3. 前天晚上【　　　　】，我們度過了最難忘的一晚。

4. 這場地震發生的太突然了，讓人【　　　　】。

5. 她【　　　　】的講述那場可怕的大地震，讓人聽得毛骨悚然。

6. 一場大地震使許多人【　　　　】，真可怕！

7. 地震現場一片斷垣殘壁，真是【　　　　】。

8. 地震發生以後，由於市長【　　　　】，使災後復建的工作能迅速進行。

9. 在地震發生以後，許多人【　　　　】，慷慨解囊。

10. 我相信他【　　　　】，吉人天相，身體應該很快就康復了。

（三）成語連連看

眾志 •	• 平生
杯弓 •	• 威脅
備受 •	• 蛇影
飛來 •	• 地動
天搖 •	• 橫禍
素昧 •	• 成城

第二九單元　論讀書

（一）成語解釋

1. 開卷有益：只要打開書本閱讀，即能獲得好處。
2. 博古通今：學問淵博，通曉古今。
3. 聞雞起舞：比喻人發憤學習，勵精圖治。
4. 揚眉吐氣：歷經辛苦，終於或的成功之後歡欣得意的樣子。
5. 胸無點墨：比喻人毫無學識。
6. 按部就班：指做事依照一定的層次和條理。
7. 過目不忘：形容記憶力很強的意思。
8. 飽讀詩書：指讀過很多書，很有學問的人。
9. 滿腹經綸：泛指人的才識豐富。
10. 溫故知新：指複習學過的知識，獲得新的知識。
11. 力爭上游：努力求取上進。
12. 心無二用：專心一致。
13. 遙遙無期：表示希望很渺茫。
14. 孜孜不倦：勤奮努力而不覺得疲倦。
15. 一問三不知：從頭至尾全部都不知道；或假裝不知道而故意不回答。
16. 指日可待：不久即可實現。

（二）成語填空

1. 俗話說：「【　　　　】」我們平日應多讀好書，充實自己。
2. 他學問很好，【　　　　】，說話很有內涵。

3. 他已經下定【　　　　】的決心，努力用功。

4. 經過三年的苦讀，他終於金榜題名，總算可以
　【　　　　】了。

5. 他憑著【　　　　】的本領，在升學的路上一直一
　帆風順。

6. 他從小就【　　　　】，努力向學，終於成為一位
　家喻戶曉的學者。

7. 做學問應該抱著【　　　　】的態度，學識才能日
　益精進。

8. 讀書要【　　　　】，才能提高讀書的效率。

9. 你再不抱著破釜沉舟的精神來讀書,考上大學的日
　子，恐怕是【　　　　】。

10. 他【　　　　】的學習態度，真令人敬佩。

（三）成語連連看

一問　・　　　　　・三不知

指日　・　　　　　・就班

力爭　・　　　　　・可待

滿腹　・　　　　　・上游

按部　・　　　　　・經綸

胸無　・　　　　　・點墨

第三十單元　燈

（一）成語解釋

1. 息息相關：比喻關係十分密切。

2. 一覽無遺：一看就很清楚，毫無遺漏。

3. 黃金時代：比喻最興盛或最有價值的一段時期。

4. 見獵心喜：比喻看見所喜愛的東西而心動。

5. 成人之美：成全別人的好事。

6. 挑燈夜戰：指熬夜做事。

7. 華燈初上：天色剛暗，家家戶戶開始點上明亮的燈火。

8. 變化無常：變化萬千，沒有一定規則。

9. 漆黑一團：形容非常黑暗，沒有一點光線。

10. 不知所終：不知道結局、下落。

11. 浴火重生：比喻經歷劫難而重獲生命；或發現新的生命契機。

12. 吉光片羽：比喻殘存的珍貴文物。

13. 秉燭夜遊：拿著燭光或其他照明設備，趁晚上去玩。

14. 大而無當：形容東西過大而不實用。

15. 在所不惜：完全不在乎。

16. 涇渭分明：比喻是非、好壞分得非常清楚。

（二）成語填空

1. 「燈」與我們的日常生活【　　　　】，密不可分。

2. 現在彷彿是「燈」的【　　　　】，各式各樣的燈，

五花八門，令人眼花撩亂。

3. 他看見這個小夜燈，馬上【　　　　】，的買回家。

4. 大考的前幾天，許多考生都在【　　　　】，做最後的衝刺。

5. 爸爸下班回到家中，已經是【　　　　】的時候了。

6. 停電的時候，四周【　　　　】，伸手不見五指。

7. 在露營的第一晚，老師帶著我們【　　　　】，四處探險。

8. 這座吊燈【　　　　】，不適合放在這麼小的客廳裡。

9. 在大度山上看夜景，山下一片燈火輝煌，【　　　　】。

10.俗語說：「君子有【　　　　】」你就答應我的要求吧！

（三）成語連連看

涇渭 •　　　　　　　• 片羽

在所 •　　　　　　　• 分明

吉光 •　　　　　　　• 不惜

浴火 •　　　　　　　• 所終

不知 •　　　　　　　• 重生

變化 •　　　　　　　• 無常

第三一單元　看電視的好處與壞處

（一）成語解釋

1. 有增無減：只有增加，沒有減少。

2. 了無新意：一點創意也沒有。

3. 世風日下：社會的風俗習慣愈來愈差。

4. 現身說法：比喻以親身的經歷來勸導別人。

5. 似是而非：表面上好像對，實際上是錯誤的。

6. 恰如其分：事情處理得很恰當穩妥。

7. 舉足輕重：指地位十分重要。

8. 恰到好處：剛好到最合適的程度，不多也不少。

9. 無足輕重：指無關緊要的意思。

10. 貪小失大：為了圖謀小利而造成重大損失。

11. 心猿意馬：形容心意變化，拿捏不定。

12. 善罷甘休：甘心罷休。

13. 執迷不悟：堅持錯誤的觀念而不覺悟。

14. 就事論事：只就事情本身加以評論。

15. 誤打誤撞：無意中做成了某事。

16. 孤陋寡聞：學識淺薄，見聞狹隘。

（二）成語填空

1. 電視對現代人的影響愈來愈深，【　　　　】。

2. 有些電視節目的內容貧乏，【　　　　】。

3. 大部分的電視節目充斥著暴力、血腥、色情等內容，真是【　　　　】，令人感嘆。

4. 有些談話性的節目，言論【　　　　】，真不知道

會誤導了多少人。

5. 他因沉迷於看電視，而導致功課退步，近視加深，真是【　　　　】啊！

6. 做功課的時候要專心，不要【　　　　】，而浪費時間。

7. 在「大愛會客室」裡，常常邀請連續劇中的當事人【　　　　】。

8. 他沉迷於電視節目而不可自拔，雖然爸媽不斷的勸導，仍然【　　　　】。

9. 我只是【　　　　】，提出自己供你參考。

10.看電視若能【　　　　】，其實也可以增廣見聞，收穫豐碩。

（三）成語連連看

孤陋 •　　　　　　　　• 誤撞

誤打 •　　　　　　　　• 寡聞

無足 •　　　　　　　　• 甘休

恰到 •　　　　　　　　• 輕重

善罷 •　　　　　　　　• 輕重

舉足 •　　　　　　　　• 好處

第三二單元　夢

（一）成語解釋

1. 信步而行：沒有目的，隨意的行走。

2. 一無所有：指什麼都沒有。

3. 束手無策：想不出任何辦法解決問題。

4. 出其不意：趁人不注意時採取行動。

5. 四面楚歌：比喻所處環境艱難困頓，求助無門。

6. 左右為難：處境為難，不知該怎麼辦才好。

7. 名落孫山：後比喻考試落榜。

8. 如臨大敵：比喻事態嚴重或戒備森嚴的樣子。

9. 光怪陸離：形容事物現象奇異。

10. 咎由自取：所有的災禍都是自己造成的；指自作自受的意思。

11. 冰消瓦解：像冰的消融，瓦片的碎裂。

12. 始料未及：當初沒有想到的事。

13. 全軍覆沒：比喻完全失敗。

14. 坐吃山空：比喻只消費而不事生產，以致把家產消耗殆盡。

15. 東窗事發：比喻陰謀已經被揭發了。

16. 南柯一夢：比喻人生如夢，富貴得失轉眼消失。

（二）成語填空

1. 我夢見自己一個人沿著沙灘【　　　　】，沒有目的。

2. 我夢見自己躺在手術台上【　　　　】，動彈不得。

3. 他夢見被外星人捉起來，到了【　　　　】，無路可走的地步。

4. 我夢見這次比賽【　　　　】，嚇得一身冷汗。

5. 我來到一個陌生的地方，眼前一片【　　　　】，不知該怎麼形容。

6. 他到處為非作歹，而今被警察逮捕入獄，真是【　　　　】，自食其果。

7. 當我從夢中醒來，一切恐懼都【　　　　】，消失無蹤。

8. 沒想到這部電影竟然會讓她噩夢連連，實在是【　　　　】。

9. 公司倒閉後，他才驚覺得過去種種有如【　　　　】，感慨良多。

10. 雖然我現在【　　　　】，但是，我相信只要努力不懈，一定會成功。

（三）成語連連看

出其　•　　　　　　　• 不意

左右　•　　　　　　　• 事發

如臨　•　　　　　　　• 大敵

全軍　•　　　　　　　• 為難

坐吃　•　　　　　　　• 山空

東窗　•　　　　　　　• 覆沒

第三三單元　舉手之勞做環保

（一）成語解釋

1. 罪魁禍首：策劃或領導作惡犯罪的首要人物；指引發某事的主要原因。

2. 慘澹經營：苦心的規劃；多用以形容開創事業之初，非常艱辛。

3. 本末倒置：顛倒事物的先後、輕重、主從等關係。

4. 漠不關心：指毫不關心，態度冷淡的樣子。

5. 置身事外：對事情不聞不問。

6. 慷慨激昂：指情緒昂揚的樣子。

7. 成年累月：年復一年，月復一月；形容經過很長的時間。

8. 容身之地：指棲身的地方。

9. 緩不濟急：指辦法或行動太慢，來不及解決緊急狀況。

10. 時時刻刻：經常、時常。

11. 責無旁貸：自己應盡的責任，沒有理由推卸給別人。

12. 念茲在茲：指牢記在心，念念不忘。

13. 層出不窮：接連不斷的出現，沒有窮盡的樣子。

14. 禍福與共：一起度過苦難，也一起分享快樂。

15. 變化無常：指變化很大，沒有一定的規則。

16. 悔不當初：因為當初的計畫或作為不當而悔恨。

（二）成語填空

1. 由於地球氣候極遽轉變，致使世界各地的災害
【　　　　】層出不窮。

2. 如果我們不再注意垃圾及環保的問題，恐怕將來
我們後代子孫連【　　　　】都沒有。

3. 汽車、機車所排放出來的廢氣，是造成臭氧層日
益稀薄的【　　　　】。

4. 環保問題與大家的日常生活息息相關，沒有人可
以【　　　　】。

5. 他【　　　　】致力於推廣環保的工作。

6. 眼現缺水的情況這麼嚴重，現在計畫興建水庫根
本【　　　　】嘛！

7. 有些人不願意重視環保的問題，好像這是政府和
別人的責任，一副【　　　　】，事不關己的樣子。

8. 只注重推廣環保的觀念，而沒有認真確實的實踐，
不是【　　　　】？

9. 維護社區整潔，落實環保觀念，是我們每一個人
【　　　　】的事情。

10. 經過一段【　　　　】的歲月後，大部分的民眾
已經有環保的觀念。

（三）成語連連看

慷慨・	・當初
念茲・	・無常
禍福・	・與共
變化・	・在茲
悔不・	・激昂
時時・	・刻刻

第三四單元　談禮貌

（一）成語解釋

1. 送往迎來：指忙著應酬的情形。

2. 胸無點墨：比喻人沒有學識。

3. 高談闊論：大發議論，放言談論；或指無所拘束的言論。

4. 氣急敗壞：因為過度緊張，而顯得上氣不接下氣，狼狽不堪的樣子；常用來形容十分慌張或惱怒。

5. 倨傲鮮腆：指傲慢無禮的樣子。

6. 得過且過：形容不求上進，苟且偷安。

7. 禮尚往來：指別人以禮相待，自己也要以禮回報。

8. 隔岸觀火：在對岸觀看火災；比喻事不關己便漠不關心，袖手旁觀。

9. 以禮相待：用禮貌、尊敬的態度相對待。

10. 斯文掃地：本指禮樂制度遭受破壞。後用來指文人毫無廉恥，不顧名節。

11. 進退失據：比喻做事情失去依循，或臨事張皇失措的樣子。

12. 虛有其表：空有外表，卻沒有實際的內涵。

13. 積重難返：長期所形成的不良弊病或習慣，已經很難改變。

14. 根深柢固：比喻基礎堅固，牢不可拔。

15. 無庸諱言：直接說出，不需要忌諱。

16. 言談舉止：說話的內容、態度，以及行為、風度。

（二）成語填空

1. 爸爸常常告訴我，待人處世應該謙卑有禮，不可以【　　　】。

2. 別以為他是【　　　　】的老人，他的修養與見識是我們比不上的。

3. 他每次喜歡在公共場合【　　　　】，大聲喧嘩，顯得很沒有教養。

4. 無論貧富貴賤，她對上門購物的顧客莫不【　　　　】，所以顧客川流不息，生意興隆。

5. 如果彼此之間沒有【　　　】，那麼時間一久，雙方的情意就要日漸淡薄了。

6. 別看他西裝筆挺，相貌斯文，其實只是【　　　　】，一點內涵也沒有。

7. 我們讀書人講求的就是操守廉潔，怎能做出【　　　　】的事情呢？

8. 年紀輕輕就有這種【　　　　】的心態，真是要不得。

9. 他常常出口不遜，尖酸刻薄，已經是【　　　　】，難怪朋友也越來越少了。

10. 做任何事情要有充分的計畫和準備，才不會【　　　】。

（三）成語連連看

送往 •	• 觀火
氣急 •	• 敗壞
隔岸 •	• 迎來
根深 •	• 舉止
無庸 •	• 諱言
言談 •	• 柢固

第三五單元　都是粗心惹的禍

（一）成語解釋

1. 自以為是：認為自己的做法和觀點正確，不肯虛心接受其他的意見。

2. 弄假成真：本來是假裝做某事，結果竟然成為事實。

3. 忠言逆耳：正直誠懇的規勸往往覺得刺耳，不易被人接受。

4. 心不在焉：心思不集中，不專心。

5. 全神貫注：將精神和心思完全集中。

6. 漫不經心：指毫不留意的意思。

7. 將錯就錯：遷就已經造成的錯誤，而繼續錯下去。

8. 錯身而過：兩人交錯而過不相交接。

9. 味同嚼蠟：比喻沒有味道的意思。

10. 老眼昏花：因年老而視力不佳；形容因一時迷糊而誤看。

11. 近在咫尺：八寸為咫，十寸為尺；形容彼此的距離很近。

12. 掉以輕心：形容做事的態度輕率，不在乎。

13. 前因後果：指事情的原因和結果。

14. 一笑置之：指不值得理睬重視或不當成一回事。

15. 勉為其難：雖然做某件事有所困難，但是仍勉強努力去做。

16. 耿耿於懷：因某事長久縈繞於心中，不能釋懷。

（二）成語填空

1. 做事情如果抱著【　　　　】的態度，是很容易出錯的。

2. 寫文章若是毫無創意，【　　　　】，當然無法引起讀者的共鳴。

3. 他上課總是【　　　　】，一直看著課本發呆。

4. 他考試的時候，就是太【　　　　】了，不願意多檢查幾次，以致錯了許多不該錯的題目。

5. 做事倘若經常【　　　　】，將會養成敷衍了事、輕率馬虎的心態。

6. 我看你真是【　　　　】了，竟然將一百元的鈔票看成千元大鈔。

7. 如果覺得身體不舒服，一定要去看醫生，千萬不可【　　　　】

8. 為了不讓老師和同學失望，他【　　　　】的接受了這項任務。

9. 她對於在夜市裡發生的糗事，一直【　　　　】。

10. 面對令人臉紅心跳的糗事，只要【　　　　】就可以了，不要放在心上。

（三）成語連連看

弄假 •	• 貫注
忠言 •	• 逆耳
全神 •	• 成真
錯身 •	• 咫尺
近在 •	• 而過
前因 •	• 後果

※高中水平

第三六單元　火山爆發

（一）成語解釋

1. 有識之士：指有見識的人。
2. 一意孤行：指不接受他人勸告，固執己見，獨斷獨行。
3. 七竅生煙：形容十分憤怒。
4. 井井有條：形容整齊有調理的樣子。
5. 心如刀割：內心像被刀割一樣痛苦。
6. 心平氣和：指不急躁、不發怒。
7. 不可收拾：指後果嚴重，無法料理或善後。
8. 水火不容：比喻彼此間對立，不能相容。
9. 怒目相向：相互怒視。
10. 不可理喻：指態度強橫，不講道理。
11. 拳打腳踢：形容毆打得極為凶暴。
12. 洗心革面：比喻從內心澈底的悔改，重新做人。
13. 一敗塗地：指失敗到沒有辦法收拾的地步。
14. 橫眉豎目：形容面貌凶狠的樣子。
15. 左鄰右舍：附近的鄰居。
16. 劍拔弩張：形容情勢緊張，有一觸即發的可能。

（二）成語填空

1. 他不問青紅皂白就發怒了，簡直【　　　　　】。
2. 吵架於事無補，應該【　　　　　】，冷靜的處理。
3. 他們三天兩頭就吵架，已經到了【　　　　　】的地步

了。

4. 他們兩個人因為一點小事就【　　　】，真是不值得。

5. 就是因為你平時太寵他了，才會鬧到今天這種【　　　】的後果。

6. 看到兒子打架，媽媽【　　　】，十分難過。

7. 只不過是輕微的擦撞，他們竟然在大街上【　　　】，大打出手。

8. 他們吵架的時候，一副【　　　】的樣子，沒人敢去勸架。

9. 媽媽回來，看見弟弟把家裡弄得一團亂，氣得【　　　】。

10. 經過這件事情以後，他決定【　　　】，再也不喝酒了。

（三）成語連連看

劍拔 ·　　　　　· 有條

左鄰 ·　　　　　· 弩張

一敗 ·　　　　　· 右舍

井井 ·　　　　　· 塗地

一意 ·　　　　　· 之士

有識 ·　　　　　· 孤行

第三七單元　我的小世界

（一）成語解釋

1. 煞費苦心：比喻費盡心思。
2. 別有天地：另有一番境界或形容風景秀麗，引人入勝。
3. 自然而然：不做任何干預，使其自然發展。
4. 安然無恙：平安而沒有疾病或災禍的損害。
5. 海闊天空：形容天地遼闊，沒有邊際或比喻心胸開闊或心情開朗。
6. 日上三竿：表示時候不早了。
7. 足不出戶：形容待在家裡不出門。
8. 物盡其用：使一切事物產生最大的效用。
9. 求之不得：表示非常樂意的意思。
10. 軒然大波：比喻重大的糾紛或風潮。
11. 自我反省：自己檢討自己的行為、想法。
12. 亂中有序：紛亂中自有條理。
13. 無與倫比：沒有任何事物可以相比的。
14. 有備無患：凡事有了充足的準備，就沒有憂慮。
15. 苦心積慮：指費盡心思的意思。
16. 綽綽有餘：形容非常寬裕，或足可應付所需。

（二）成語填空

1. 我【　　　　】的布置我的「小天地」，希望能一勞永逸！
2. 爺爺喜歡種花，我【　　　　】也在房間裡擺了幾盆

小盆景。

3. 為了節省開銷，我儘可能【　　　　　】，來布置我的
「小天地」。

4. 你願意來幫我搬家，我當然【　　　　　】。

5. 我的「小世界」是獨一無二，【　　　　　】的。

6. 每當我心情低落的時候，就會在自己的「小世界」裡
聽聽音樂，心情漸漸就能【　　　　　】了。

7. 每到假日，他總是【　　　　　】，待在他的「小天地」
裡看書。

8. 家裡的環境不好，弟弟卻為了要擁有自己的房間，而
引起【　　　　　】，真是不應該。

9. 爸爸擺在架子上的書，看起來好像毫無條理，其實是
【　　　　　】。

10. 她喜歡賴床，總是到了【　　　　　】才起床。

（三）成語連連看

苦心・　　　　　　　　　・反省

有備・　　　　　　　　　・天地

自我・　　　　　　　　　・無患

安然・　　　　　　　　　・無恙

別有・　　　　　　　　　・有餘

綽綽・　　　　　　　　　・積慮

第三八單元　家人的手

（一）成語解釋

1. 克勤克儉：指十分勤儉的樣子。

2. 刻畫入微：形容文章或繪畫等描繪得十分生動而深入。

3. 點石成金：比喻善於修改文字，能化腐朽為神奇。

4. 縛雞之力：形容極小的力量。

5. 如魚得水：比喻進入渴望已久的領域，能盡情的發揮所長。

6. 專美於前：搶先奪得美名。

7. 得心應手：形容技藝純熟或做事順利。

8. 登峰造極：形容技術達到極點或造詣高深。

9. 不落人後：形容做事態度積極，不輸他人。

10. 有始有終：做事能有頭有尾，貫徹到底。

11. 略勝一籌：比喻兩相比較之下，其中一方稍微優秀一些。

12. 實是求是：做事切實，按實際情況去辦事。

13. 內心深處：指思想感情的最深層。

14. 屏氣凝神：屏住呼吸，集中精神。

15. 各有千秋：各有各的長處和特色。

16. 教學相長：透過教導與學習，不但能使學生進步，老師也會從中獲益。

（二）成語填空

1. 這篇文章經過爸爸的【　　　　】，立刻不同凡響。

2. 他只是一個手無【　　　】的女子，怎麼叫她去搬冰箱呢？

3. 這份工作哥哥做起來得心應手，【　　　　】。

4. 在寫生比賽的時候，弟弟使出渾身解數，不讓對手【　　　　】。

5. 經過一段時間的訓練與學習，對於寫作的技巧，他已經【　　　　】了。

6. 他每天不斷練習繪畫的技巧，希望能達到【　　　　】的境界。

7. 她在畫畫的時候，所有的人都【　　　　】的欣賞。

8. 爸爸常對我說，凡事抱著【　　　　】的態度，不可因循敷衍。

9. 老師勉勵我們做事要【　　　　】，不要輕言放棄。

10. 家人的才華【　　　　】，值得彼此間效法與學習。

（三）成語連連看

教學 •　　　　　• 一籌

內心 •　　　　　• 深處

略勝 •　　　　　• 相長

不落 •　　　　　• 克儉

刻畫 •　　　　　• 入微

克勤 •　　　　　• 人後

第三九單元　疤痕

（一）成語解釋

1. 突如其來：形容出乎意料的出現或發生。

2. 消遙法外：犯罪者逃過法律制裁，能自由的行動。

3. 怒氣沖沖：形容十分憤怒的樣子。

4. 禍不單行：不幸的事接二連三的發生。

5. 天災人禍：泛指各種災難。

6. 逢凶化吉：遇到凶險而能平安度過。

7. 袖手旁觀：指遇到事情發生，而不做任何處理。

8. 因禍得福：指本來遭遇災禍卻反而因此得到好處。

9. 痛不欲生：比喻傷心到極點。

10. 樂極生悲：歡樂到了極點而不知收斂，往往會有悲愁的事發生。

11. 晴天霹靂：比喻突發的意外事件。

12. 利害得失：獲得利益或受到損害。

13. 無妄之災：指意外的災禍。

14. 若有所思：發愣不語，好像在想些什麼似的。

15. 紛至沓來：形容接連不斷的到來。

16. 記憶猶新：對過去的人或事，記憶深刻，就像最近才發生的一樣。

（二）成語填空

1. 他在巷口玩耍的時候，被【　　　　】的汽車喇叭聲嚇了一跳。

2. 他被撞成重傷，肇事者卻逃之夭夭，【　　　　】，真

是可惡。

3. 他今天早上錢包被偷，之後又被車撞傷，真是
【 　　　　】。

4. 事情既然已經發生了，你也不要太難過，說不定可以
【 　　　　】呢！

5. 他們在教室中互相追逐，屢勸不聽，結果【 　　　　】，
當場掛彩。

6. 這對夫婦眼見唯一的房子在這場火災中付之一炬，不
禁嚎啕大哭，【 　　　　】。

7. 他的運氣很好，反應很快，遇事情總是能
【 　　　　】。

8. 動手術雖然會留下疤痕，但是不動手術卻後患無窮，
其中的【 　　　　】，你要想清楚。

9. 他最近住院了，慰問的卡片【 　　　　】。

10. 他的個性急公好義，別人有難絕不會【 　　　　】。

（三）成語連連看

記憶 •　　　　　　　　　• 之災

若有 •　　　　　　　　　• 猶新

無妄 •　　　　　　　　　• 所思

天災 •　　　　　　　　　• 沖沖

晴天 •　　　　　　　　　• 人禍

怒氣 •　　　　　　　　　• 霹靂

第四十單元　午夜的聲音

（一）成語解釋

1. 一廂情願：只出自單方面的主觀意願，不管對方意願如何。

2. 推心置腹：比喻真誠的對待他人。

3. 風吹草動：比喻輕微的變化、動靜。

4. 一毛不拔：譏諷人十分吝嗇。

5. 相安無事：彼此和平相處，沒有發生爭端。

6. 故態復萌：老毛病又犯了。

7. 行色匆匆：走路或出發的神色匆忙。

8. 呼呼大睡：人熟睡的時候，發出鼾聲的樣子。

9. 天不從人願：事情的發展和自己的想法相違背。

10. 急轉直下：情況迅速轉變，並且順勢持續發展。

11. 不寒而慄：指非常害怕的樣子。

12. 苦心孤詣：指費盡心思，專心研究或辛苦經營的意思。

13. 一笑置之：指事情不值得理睬、重視。

14. 張牙舞爪：比喻裝腔作勢，猖狂凶惡的模樣。

15. 千真萬確：非常確實。

16. 水落石出：比喻事情真相大白。

（二）成語填空

1. 他是我【　　　　】的好朋友。

2. 如果要他這個【　　　　】的人來請客，簡直比登天還難。

3. 雖然他們彼此的觀念不同，但是這段時間相處下來倒
   也【　　　　】。

4.他雖然口口聲聲說不會再遲到了，但總是【　　　　】，
  不知道該怎麼辦才好。

5. 在這麼深的夜裡，眾人早已【　　　　】了，只有我
   望著天花板發呆。

6. 看完這部恐怖的電影，令人【　　　　】。

7. 他勤奮好學，【　　　　】的態度，真讓我佩服。

8. 面對謠言，他總是【　　　　】，絲毫不放在心上。

9. 她發怒時一副【　　　　】的模樣，令人避之唯恐不
   及。

10.這件事是【　　　　】的，你怎麼還不相信呢？

（三）成語連連看

一廂 •　　　　　　　• 草動

水落 •　　　　　　　• 情願

急轉 •　　　　　　　• 石出

行色 •　　　　　　　• 直下

風吹 •　　　　　　　• 匆匆

天不 •　　　　　　　• 從人願

第四一單元　鏡子

（一）成語解釋

1. 醜態百出：表現出種種有失身分、體面的行為。
2. 明察秋毫：比喻能洞察事物，看出極細微的地方。
3. 品頭論足：談論他人的容貌和儀態。
4. 無地自容：指羞愧到了極點。
5. 溢於言表：表露在言行舉止上。
6. 明辨是非：明白的分辨是與非。
7. 儀態萬千：指女子的容貌風度非常優美。
8. 改頭換面：比喻從頭到尾徹底的改變。
9. 霧裡看花：後比喻看不清楚事情的真相。
10. 受人矚目：受到大家的注意。
11. 碩果僅存：形容唯一留下來的重要人物或事物。
12. 不堪入目：形容行為或物品卑劣粗鄙，不值得看。
13. 回心轉意：改變原來的心意。
14. 情有獨鍾：特別鍾愛某一事物。
15. 燦爛奪目：形容光彩美麗，十分耀眼。
16. 大庭廣眾：人多而公開的場合。

（二）成語填空

1. 出門前他一定會照一照鏡子,避免自己【　　　　】。
2. 鏡子就像【　　　　】的偵探,所有人在它面前都無所遁形。
3. 鏡子彷彿是一位評論家,喜歡對人們【　　　　】一番。

4.這面鏡子已經很模糊了，每次照鏡子好似【　　　　】，看不清楚。

5. 鏡子像【　　　　】的法官，有什麼缺點都會明確的指出來。

6. 昨天逛百貨公司的時候，褲子的拉鍊竟然沒拉，當時的我羞得【　　　　】。

7. 她一向對鏡子【　　　　】，房間裡擺滿各式各樣的鏡子。

8. 他常在【　　　　】前演講，所以隨時都會注意自己的儀容。

9. 他知道自己得獎的消息後，喜悅之情【　　　　】。

10.經過一番解釋後，他終於【　　　　】，答應我的請求。

（三）成語連連看

燦爛 ·　　　　　　　　· 矚目

不堪 ·　　　　　　　　· 奪目

碩果 ·　　　　　　　　· 入目

受人 ·　　　　　　　　· 僅存

改頭 ·　　　　　　　　· 萬千

儀態 ·　　　　　　　　· 換面

第四二單元　守法與自由

（一）成語解釋

1. 目中無人：形容驕傲自大，瞧不起他人。

2. 知法犯法：知道法律的規定，卻故意去觸犯。

3. 嚴刑峻法：苛刻嚴厲的刑法。

4. 置若罔聞：當做沒有聽到一樣，不加理會。

5. 旁若無人：指言行舉止毫無顧忌的樣子。

6. 貪贓枉法：官員接受賄賂而違犯法令、破壞制度。

7. 無法無天：任性胡為，毫無顧忌。

8. 目無法紀：膽大妄為，無視於法律的存在。

9. 法網恢恢，疏而不漏：指犯罪者難以永遠逍遙法外，
   終究要接受法律的制裁。

10. 傷天害理：指行為違背天理，泯滅人性。

11. 以身試法：明知違法，但是仍然故意觸犯法律。

12. 積非成是：長時間累積的錯誤，反而被認為是正確
    的。

13. 問心無愧：做事坦蕩，心裡無愧於人。

14. 緣木求魚：比喻用錯方法，徒勞無功。

15. 高枕無憂：形容非常安全而可放心。

16. 無論如何：不管怎麼樣。

（二）成語填空

1. 人們不想遵守法律，又希望社會的秩序能夠安定，簡
   直是【　　　　　】。

2. 如果大家都能遵守法律，那麼社會就會安定，人人便

可【　　　　】了。

3. 【　　　　　】的人，一定逃不過法律的制裁。

4. 他認為在交通方面一定要【　　　　】，大家才會認真的遵守交通規則。

5. 朋友的殷殷勸誡，他都【　　　　】，才會有今天的下場。

6. 他在餐廳裡高談闊論，一副【　　　　】的模樣，真是缺乏教養。

7. 我們每個人都不可做出【　　　　】。

8. 歹徒竟然光天化日行搶，真是【　　　　】。

9. 我們千萬不要心存僥倖，做出【　　　　】的事情。

10. 只要行事坦坦蕩蕩，【　　　　】，就沒有什麼好怕的。

（三）成語連連看

無論　　　•　　　　　•　疏而不漏

積非　　　•　　　　　•　如何

目中　　　•　　　　　•　成是

知法　　　•　　　　　•　無人

目無　　　•　　　　　•　法紀

法網恢恢•　　　　　•　犯法

第四三單元　成功與失敗

（一）成語解釋

1. 一蹶不振：比喻遭受挫折或失敗後，無法再振作恢復。
2. 逆水行舟：勉勵人要努力上進。
3. 鍥而不捨：比喻做事有毅力、恆心，能堅持到底。
4. 咬緊牙關：比喻忍受痛苦，堅持到底。
5. 塞翁失馬：比喻因禍得福。
6. 徒勞無功：白白浪費精力，而沒有任何效益。
7. 怒不可遏：形容憤怒到了極點。
8. 捲土重來：比喻事情失敗後，竭盡力量，再接再厲。
9. 反敗為勝：扭轉快要落敗的劣勢而得到勝利。
10. 總而言之：將所有的話，合起來說的意思。
11. 當頭棒喝：比喻用文字或言語來提醒迷惑的人，使他馬上覺悟。
12. 按圖索驥：指根據資料線索來尋找、探求。
13. 眼高手低：比喻人善於品評，但是自己動手做時，卻又做不來。
14. 昭然若揭：指真相完全顯露無遺。
15. 飛黃騰達：比喻在仕途或事業上很得志。
16. 微乎其微：形容極細小的意思。

（二）成語填空

1. 失敗後要勇敢的再嘗試，千萬不可【　　　　】。
2. 「【　　　　】，焉知非福。」你又何必太在意這次的

失敗。

3. 爸爸的一番話有如【　　　　　】，讓他及時振作，不再自怨自艾。

4. 做事要腳踏實地，不可【　　　　　】。

5. 老師常常勉勵我們：「學如【　　　　　】，不進則退。」

6. 不管日子再苦，他都【　　　　　】撐下去。

7. 任何成功者都是靠著【　　　　　】的努力，最終攀上成功的巔峰。

8. 失敗有什麼關係，只要有恆心、毅力，必可【　　　　　】，獲致成功。

9. 【　　　　　】，只有禁得起一次又一次的失敗，最後才有成功的一天。

10. 只要能面對失敗，努力不懈，終有【　　　　　】的一天。

（三）成語連連看

微乎 •　　　　　　　　　• 索驥

昭然 •　　　　　　　　　• 若揭

按圖 •　　　　　　　　　• 其微

怒不 •　　　　　　　　　• 為勝

徒勞 •　　　　　　　　　• 可遏

反敗 •　　　　　　　　　• 無功

第四四單元 談孝順

（一）成語解釋

1. 父慈子孝：父親慈愛，子女孝順。

2. 推三阻四：利用各種藉口推托阻攔；或指人做事不爽快。

3. 老生常談：比喻經常聽到，了無新意的話。

4. 何樂不為：為什麼不樂意去做呢？

5. 欺人自欺：不但欺騙他人，也欺騙自己。

6. 椎心泣血：形容哀痛到了極點。

7. 兄友弟恭：兄弟之間感情和睦，能相互尊敬友愛。

8. 我行我素：形容人不受外界影響，完全依照自己的心意行事。

9. 上行下效：在上位的人怎麼做，在下位的人也會照樣跟著做。

10. 並行不悖：指同時進行，不會互相妨礙的意思。

11. 感激涕零：指非常感謝的樣子。

12. 謹言慎行：指言談小心，作事謹慎。

13. 設身處地：比喻為別人著想。

14. 同氣連枝：形容兄弟之間關係密切。

15. 不容置喙：指沒有插嘴的餘地。

16. 晨昏定省：子女早晚向父母請安的禮節。

（二）成語填空

1. 媽媽要弟弟買個東西，總是【　　　　　】，真是不應該。

2. 他自以為這作法是孝順父母的行為，真是【　　　　】。

3. 子女之間如果能【　　　　】，是父母最大的安慰。

4. 他做事一向一意孤行，【　　　　】，從不接受別人的建議。

5. 朋友及時的伸出援手，令他【　　　　】。

6. 為人處事要【　　　　】，才可以避免招惹不必要的麻煩。

7. 凡事能【　　　　】的替人考慮，人際關係自然融洽。

8. 哥哥不停的發表高論，我們根本【　　　　】。

9. 「助人為快樂之本」，【　　　　】呢？

10. 你們兄弟兩本來就是【　　　　】，不要再爭執不休，惹父母傷心。

（三）成語連連看

並行 •　　　　　　• 定醒

上行 •　　　　　　• 子孝

椎心 •　　　　　　• 下效

老生 •　　　　　　• 泣血

父慈 •　　　　　　• 常談

晨昏 •　　　　　　• 不悖

第四五單元　手腦並用

（一）成語解釋

1. 心浮氣躁：形容情緒不穩定，容易動怒的樣子。
2. 相得益彰：指彼此互相烘托，更能顯出各自的優點。
3. 心領神會：心中明白而徹底領悟。
4. 何以見得：如何看得出？
5. 渾渾噩噩：迷迷糊湖，不解事理。
6. 怨天尤人：埋怨上天，責怪他人。
7. 無能為力：沒有能力解決或完成某件事。
8. 刻舟求劍：比喻拘泥固執，不知變通。
9. 齊心協力：團結心志和力量。
10. 對症下藥：比喻針對問題做有效處理。
11. 喟然而嘆：長聲嘆息。
12. 天衣無縫：比喻十分完美的意思。
13. 一股腦兒：指全部的意思。
14. 知難而退：知道事情困難，而無法處理時，就自願退出。
15. 八面玲瓏：形容處世圓滑，面面俱到。
16. 穩操勝券：形容做事時，很有成功獲勝的把握。

（二）成語填空

1. 聰明的大腦，配合萬能的雙手，才能【　　　　】。
2. 讀書如果可以手腦並用，將更容易【　　　　】。
3. 只要大家【　　　　】，沒有任何困難不能解決的。
4. 他空有聰明的頭腦而不認真做事，令人不禁

【　　　　】。

5. 愛迪生手腦並用，態度積極，從不【　　　　　】。

6. 只要能手腦並用，必能【　　　　　】，無往不利。

7. 你只會一天到晚做白日夢，不肯腳踏實地做事，我也
【　　　　】了。

8. 他遇到困難從不自我檢討，只會【　　　　　】。

9. 他決心要振作精神，開始認真的生活，不再【　　　　】
過日子。

10. 他的個性總是【　　　　】的，人緣也愈來愈差，真
是令人擔心。

（三）成語連連看

八面 •　　　　　　• 無縫

一股 •　　　　　　• 玲瓏

天衣 •　　　　　　• 腦兒

對症 •　　　　　　• 見得

刻舟 •　　　　　　• 下藥

何以 •　　　　　　• 求劍

第四六單元　談「說話」

（一）成語解釋

1. 一針見血：比喻見解中肯而透澈。
2. 話不投機：指談話時雙方的意見、看法不一致。
3. 禍從口出：說話不求謹慎而招惹災禍。
4. 避而不談：刻意迴避而不說。
5. 開門見山：比喻說話或寫文章直截了當，不拐彎抹角。
6. 鼓舌如簧：形容人花言巧語，能言善道的意思。
7. 道聽塗說：指沒有經過證實、缺乏根據的話。
8. 張口結舌：形容慌張恐懼；或詞窮說不出話的樣子。
9. 不可諱言：無需避忌，直接了當的說。
10. 言簡意賅：言辭簡單，說出重點。
11. 言談舉止：說話的內容、態度，以及行為、風度。
12. 肺腑之言：真心話。
13. 難以言喻：無法用言語來形容。
14. 言之有物：言論或文章有內容。
15. 出言不遜：形容人講話無禮傲慢。
16. 言多必失：話說多了，總有出錯的時候。

（二）成語填空

1. 從【　　　　　】中，可以看出他是位有涵養的人。
2. 【　　　　　】的，他的口才還是有待訓練。
3. 您這幾句話【　　　　　】，真是令人佩服。
4. 這件事我已定下決心了，你再【　　　　　】也無濟於

作文書寫技巧

事。

5. 他的個性直率，說話總是【　　　　　】，不留餘地，有時不免會得罪人。

6. 凡事要謹言慎行，免得【　　　　　】，徒增困擾。

7. 他【　　　　　】的指出計畫的缺失，贏得大家的肯定。

8. 他們倆因【　　　　　】而怒目相向，這又何必呢？

9. 謠言止於智者，這種【　　　　　】的話，不值得相信。

10. 他的一番【　　　　　】，感動了在場的所有人。

（三）成語連連看

言多 •   • 必失

出言 •   • 有物

言之 •   • 不遜

難以 •   • 結舌

張口 •   • 言喻

避而 •   • 不談

第四七單元　談自信心

（一）成語解釋

1. 不可多得：形容不能常常獲得。
2. 垂頭喪氣：指意志消沉的樣子。
3. 模稜兩可：形容意見含混、不明確。
4. 裹足不前：比喻有所顧忌，不願去做。
5. 妄自菲薄：輕視自己，低估自己的能力。
6. 盛氣凌人：以傲慢的氣勢來壓迫別人。
7. 望而卻步：看見困難的事情而卻步不前。
8. 左右逢源：比喻行文、辦事得心應手、處事圓融。
9. 妄自尊大：自命不凡，驕矜自大的樣子。
10. 頭頭是道：形容言行清楚明白、有條有理。
11. 信誓旦旦：比喻用誠懇的態度做作最誠信的誓言。
12. 事在人為：事情的成功與否，在於人是否努力。
13. 煙消雲散：比喻事物消散無蹤。
14. 巧立名目：定出許多名目，以達到某種不正當的目的。
15. 本末倒置：指做事顛倒先後的次序。
16. 不二法門：能夠達到目標的唯一方法。

（二）成語填空

1. 我們應該自信樂觀，千萬不可一遇挫折，就【　　　　】，灰心喪志。
2. 他做事一向充滿信心,當機立斷,不會【　　　　】。
3. 每個人都要有自信,不可過於【　　　　】。

4. 做事不要過份的自信，否則反而會讓人有種
【　　　　】的感覺。

5. 有自信的人，總是能掌握機會，【　　　　】。

6. 他一有一點小成就就【　　　　】，目中無人。

7. 他說起話來，【　　　　】，很有條理。

8. 儘管他【　　　　】的說要改掉所有惡習，但是已經
沒有人相信他了。

9. 有時候顧忌太多，【　　　　】，反而會錯失許多很好
的機會。

10. 他做事認真負責，是個【　　　　】的人才。

（三）成語連連看

不二 ·　　　　　　　　 · 名目

本末 ·　　　　　　　　 · 倒置

巧立 ·　　　　　　　　 · 法門

煙消 ·　　　　　　　　 · 人為

事在 ·　　　　　　　　 · 雲散

望而 ·　　　　　　　　 · 卻步

第四八單元　分享

（一）成語解釋

1. 離群索居：離開群體，而獨自生活。
2. 一語道破：一句話說中事情的真相或要點。
3. 有福同享：共同分享幸福、成果。
4. 同甘共苦：指一起歡樂與患難。
5. 有目共睹：指事情極為清楚明顯，大家都看得見。
6. 守望相助：指相互協助，共同防衛。
7. 並行不悖：同時進行，不會互相妨礙。
8. 博施濟眾：指廣施德惠，救助眾人。
9. 自私自利：指不顧一切，只圖著自己的私利。
10. 唯我獨尊：形容看不起別人的意思。
11. 當仁不讓：指主動承擔應該做的事，而不推讓。
12. 慷慨解囊：毫不吝嗇的捐出財物給別人。
13. 伸出援手：指幫助他人的意思。
14. 何樂不為：以反問語氣，表示可以或非常願意去做。
15. 傾囊相授：竭盡自己所有贈與對方。
16. 津津樂道：指很有興味的談論某件事情。

（二）成語填空

1. 人是群居的動物，【　　　　　】是很難生活的。
2. 好鄰居就應該發揮【　　　　　】的精神。
3. 好朋友就是【　　　　　】，有難同當，你不把這件事放在心上。
4. 他急公好義、見義勇為種種的事蹟，是大家

【　　　　　】。

5. 臺灣之所以有今天的成就，都是全國同胞【　　　　】所換來的。

6. 有些善心人士不吝分享自己的一切，時時【　　　　　】，慷慨解囊，令人欽佩。

7. 他那種【　　　　　】的態度，是交不到任何朋友的。

8. 當年他捨身救人的英勇事蹟，至今仍為大家【　　　　　】。

9. 他【　　　　　】這件是矛盾的地方，真令人佩服。

10. 樂於分享使社會更溫暖，【　　　　　】讓世間更冷漠。

（三）成語連連看

並行 •	• 解囊
當仁 •	• 相授
慷慨 •	• 解囊
慷慨 •	• 不悖
何樂 •	• 不讓
傾囊 •	• 不為

第三輯　輕鬆學好修辭

作文書寫技巧

一、譬喻

譬喻：將所要描述的事物，以常見的類似事物，具體的比擬形容，使要描述的事物更清楚的呈現。分「明喻」、「隱喻」、「略喻」、「借喻」。

	喻體	喻詞	喻依	例句
明喻	∨	∨	∨	女人心好像海底針。
隱喻	∨	× （用繫辭「是」取代）	∨	女人心是海底針。
略喻	∨	× （用「，」取代）	∨	女人心，海底針。
借喻	×	×	∨	海底針

註：

1. 喻體：說明事物的主體。

2. 喻詞：連接喻體和喻依的詞：（例如：猶、似、像、若、如、彷彿、好似、依稀、好像、好似、有若、猶如、……）

3. 喻依：所比喻的類似事物。

4. 繫詞：白話文裡的「是」「等於」「變成」「就是」……等。文言文裡的「乃」、「為」、「即」、……等。

明喻：「喻體」、「喻詞」、「喻依」三者具備的比喻。

　　◎過去的日子，如輕煙，被微風吹散了；如薄霧，被初陽蒸融了。（朱自清·〈匆匆〉）

隱喻：又稱「暗喻」。在比喻的句子中，「喻體」和「喻依」之間，不用「喻詞」聯繫，而以「繫詞」取代。

◎我是天空裡的一片雲，偶爾投影在你的波心。（徐
　志摩·〈偶然〉）

略喻：在比喻的句子中，「喻體」和「喻依」之間，不用「喻
　　　詞」聯繫，而以「，」取代。

◎菊，花之隱逸者也；牡丹，花之富貴者也；蓮，
　花之君子者也。（周敦頤·〈愛蓮說〉）

借喻：在比喻的句子中，「喻體」和「喻詞」都省略，只剩
　　　下「喻依」。

◎灑了滿天的珍珠和一枚又大又亮的銀幣。（楊喚·
　〈夏夜〉）

例句：

☺ 離恨恰如春草，更行更遠還生。（李後主·〈清平樂〉）

☺ 大弦嘈嘈如急雨，小弦切切如私語。（白居易·〈琵琶行〉）

☺ 晴江如鏡月如鉤，泛艷蒼茫送客愁。（溫庭筠·〈西江貽
　釣叟騫〉）

☺ 因循怠惰，是一條綑住手腳的繩子。（甘績瑞·〈從今天
　起〉）

☺ 白兔的眼睛，閃著紅寶石般的光芒，灰兔的眼睛，閃亮
　得如同黑玉。（張秀亞·〈溫情〉）

☺ 小兔兒在草地上跳躍而過，像兩團煙，兩團雲，更像綠
　海上濺起的兩朵活潑的浪花。（張秀亞·〈溫情〉）

☺ 耳朵不時因為疲倦的緣故垂了下來，就像個歪戴了風帽
　的古畫上的孩子。（張秀亞·〈溫情〉）

☺ 人生不相見，動如參與商。（杜甫·〈贈衛八處士〉）

☺ 文章是案頭之山水，山水是地上之文章。（張潮·〈幽夢

影〉）

☺ 君子之德，風；小人之德，草。草上之風，必偃。（孔
子弟子及再傳弟子・《論語》）

☺ 那雙眼睛，如秋水，如寒星，如寶珠，如白水銀裡頭養
著兩丸黑水銀。（劉鶚・〈明湖居聽書〉）

☺ 你底心是小小的窗扉緊掩。（鄭愁予・〈錯誤〉）

☺ 關心如同一座橋樑，不同對象便衍生不同意義。（邵僩・
〈讓關心萌芽〉）

☺ 在默默裡算著，八千多日子已經從我手上溜走，就像針
尖一滴水滴在大海裡。（朱志清・〈匆匆〉）

☺ 該做的事沒有做完，便像是有幾千斤重擔子壓在肩頭，
是再苦沒有的了。（梁啟超・〈最苦與最樂〉）

☺ 故鄉小城宛如亙古的星辰綴於南嶺北麓，雲霧千重遮掩
古樸清麗的面容。（鄧雲貴・〈故園之泉〉）

☺ 新雨之後，蒼翠如濯的山崗，雲氣彌漫，彷彿罩著輕紗
的少婦，顯得多麼憂鬱、沉默。（鐘梅音・〈鄉居閑情〉）

☺ 坐在輪船上兩邊看，那些古色古香各種各樣的堡壘歷歷
的從眼前過去，彷彿自己已經跳出了這個時代而在那些
堡壘裡過著無拘無束的日子。（朱自清・〈萊茵河〉）

☺ 池邊還有小泉呢：有的像大魚吐水，極輕快的上來一串
小泡；有的像一串明珠，走到中途又歪下去，真像一半
珍珠在水裡斜放著。（老舍・〈趵突泉的欣賞〉）

☺ 夕陽在要沈淪的一刻，爆發著如火的金光，整個胡同都
盛滿了黃昏，恍若一個金碧輝煌的宮殿的長廊。（遲子
建・〈炒米胡同裡面看夕陽〉）

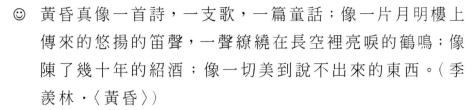

☺ 黃昏真像一首詩，一支歌，一篇童話；像一片月明樓上傳來的悠揚的笛聲，一聲繚繞在長空裡亮喨的鶴鳴；像陳了幾十年的紹酒；像一切美到說不出來的東西。（季羨林·〈黃昏〉）

☺ 長大了以後，你才會知道，在驀然回首的剎那，沒有怨恨的青春才會了無遺憾，如山岡上那輪靜靜的滿月。（席慕蓉·〈無怨的青春〉）

☺ 我的詩句像斷鍊的珍珠／雖然殘缺不齊／但是每一顆珠子／仍然柔潤如初。（席慕蓉·〈自白〉）

☺ 而大自然也像一本書，內容豐富，讓人目不暇給，啟迪也多。（栞涵·〈我的家在鄉間〉）

☺ 文山包種茶比起烏龍還帶著一點溪水清澈的氣息，烏龍這些年被寵得有點像貴族了，文山包種則還帶著鄉下平民那種天真純樸的親切與風味。（林清玄·〈茶香一葉〉）

☺ 他的身形比一般人高大許多，感覺上壯得像一座山，最令我印象深刻的是他的手，張開手掌來就如同一張梧桐葉那樣大，又寬又厚。（林清玄·〈鐵漢的悲劇〉）

☺ 急急的去追趕一個被風吹跑的空塑膠袋子，像追趕一個敵人那樣。（張騰蛟·〈那默默的一群〉）

☺ 平靜如水的情感翻起滔天巨浪來。（陳之藩·〈謝天〉）

☺ 脫離海水的海星，像失去母親的嬰兒，痛苦的扭曲牠們的身體，掙扎著想要返回母親的懷抱。（王溢嘉·〈撿海星的少年〉）

☺ 而有一些事，卻像夏日的小河、冬天的落葉，像春花，也像秋草，似無所見，又非視而不見。（洪醒夫·〈紙船

印象〉）

☺ 夜晚裊裊升起的煙，是祖先和我們對話的語言。（亞榮隆・撒可努〈煙會說話〉）

☺ 溼淋淋的路人，像一條條的魚，嚴肅沉默的從籬笆牆外游過去。（林良・〈小太陽〉）

☺ 我是天空裡的一片雲，偶爾投影在你的波心。（徐志摩・〈偶然〉）

二、摹寫

摹寫：將生活周遭的感受，用言語主觀具體的描述出來，讓人有身歷其境、歷歷在目的感覺。分為「視覺摹寫」、「嗅覺摹寫」、「味覺摹寫」、「聽覺摹寫」和「觸覺摹寫」。

（一）視覺摹寫：將自己看到的事物，顏色、形狀、大小、數量、……等，具體真實的描述出來。

◎火鷓鴣鳥的衣裳是用春天黃昏的雲剪裁的，深深淺淺的紫紅色，帶著一層層的斑紋。牠的形狀像鴿樓上飼養的鴿子，祇是比家鴿小一些，看樣子，遠比家鴿精靈。牠的喙子泛著帶紫的亮紅色，眼也是，爪也是。（吳延玫・〈火鷓鴣鳥〉）

（二）嗅覺摹寫：將自己聞到的氣味，具體真實的描述出來。

◎大理花與劍蘭搶著開，木犀花散布著淡淡的幽香。牆邊那株高大玉蘭花開了滿樹，下雨天謝得快，我趕緊爬上去採，採了滿籃子送左右鄰居。玉蘭

樹上葉上的水珠都是香的。（潘希珍‧〈下雨天，真好〉）

（三）味覺摹寫：將自己嚐到的味道，具體真實描述出來。

　　◎可是我將這些紅薯籐放到鍋裡熬了好半天，仍然只得到半鍋黑黑的水，又苦又澀，半點兒能塞塞肚子的固體食物也找不到。（韓少功‧〈我家養雞〉）

（四）聽覺摹寫：將自己聽到的聲音，具體真實描述出來。又稱「摹聲法」、「擬音法」或「狀聲詞」。

　　◎一聲遞一聲的，七姑姑，苦……，七姑姑，苦……，那是牠們世代相傳，一成不變的調子，從遠古的日子起始，就這麼永生永世的唱下去，彷彿也有些歡樂，也帶些哀愁；正向那一野春天給人的感受一樣。（吳延玫‧〈火鷓鴣鳥〉）

（五）觸覺摹寫：將自己皮膚感觸到的感覺，具體真實的描述出來。

　　◎深秋的夜風吹來，我有點冷，披上母親為我織的暖暖的毛衣，渾身又暖和起來。（琦君‧〈髻〉）

例句：

☺　銜遠山，吞長江，浩浩湯湯，橫無際涯；朝暉夕陰，氣象萬千。（范仲淹‧〈岳陽樓記〉）

☺　轉軸撥弦三兩聲，未成曲調先有情。弦弦掩抑聲聲思，似訴平生不得志。（白居易‧〈琵琶行〉）

☺　風息是溫馴的，而且往往因為他是繁花的山林裡吹度過來，他帶來一股幽遠的澹香。（徐志摩‧〈翡冷翠山居閒話〉）

☺ 北平尋常提到江蘇菜，總想著是甜甜的膩膩的。（朱自清·〈說揚州〉）

☺ 用手把上面那層土爬開，裡面的土還保持著太陽的溫馨。（鍾理和·〈賞月〉）

☺ 西湖的夏夜是熱蓬蓬的，水像沸著一般，秦淮河的水卻儘是這樣冷冷地綠著。任你的人影憧憧，歌聲的擾擾，總像是隔著一層薄薄的綠紗面幕似的，他儘是這樣靜靜的、冷冷的綠著。（朱自清·〈槳聲燈影裡的秦淮河〉）

☺ 天空清藍淨潔，恍如一匹未經漿洗過的丹士林布。太陽剛剛昇出一竹竿高。一朵白雲在前面徘徊著。東南一角更湧起幾柱白中透點淺灰的雲朵。（鍾理和·〈做田〉）

☺ 歌喉遽發，字字清脆，聲聲宛轉，如新鶯出谷，乳燕歸巢。（劉鶚·〈明湖居聽書〉）

☺ 陽光更濃了，山景益發清晰，一切氣味都蒸發出來。稻香撲人，真有點醺然欲醉的味兒。（張曉風·〈到山中去〉）

☺ 皮肉苦且澀，歷口復棄遺；良久有回味，始覺甘如飴。（王禹偁·〈詠橄欖〉）

☺ 火光照著我們因興奮而發紅的臉，照著焦黃噴香的烤肉，照著吱吱作響的清茗。（張曉風·〈到山中去〉）

☺ 陽光平鋪在窗外的草坪上，把草尖上的露珠映成了一粒粒亮晶晶的珍珠。（吳敏顯·〈綠窗〉）

☺ 那是短短的兩排洋灰房子，沒有斜斜的屋頂。（柯慶明·〈風雨荒村〉）

☺ 此地很安全，市聲彌留著，這種健忘症是幸福的，雀何為而喃喃，像是為靜，為靜打著拍子。（余光中·〈蓮池

邊〉〉

☺ 院子裏風竹蕭疏，雨絲紛紛灑落在琉璃瓦上，發出叮咚之音，琉璃窗也硰硰作響。（琦君·〈下雨天真好〉）

☺ 陽光更濃了，山景益發清晰，一切氣味都蒸發出來。稻香撲人，真有點醺然欲醉的味兒。（張曉風·〈到山中去〉）

☺ 霧水和著松脂氣息，涼涼，香香的空氣，一下子進入我的心田之中，精神為之一振。（張心梅·〈心在高原〉）

☺ 米飯上沾著鴨子油，鹹鹹潤潤的，格外芬芳好吃。（劉震慰·〈故鄉之食〉）

☺ 柚樹的葉影再緩緩的移動，移上我的臉頰的是幾朵擠碎的陽光，到這裏，它成了一種柔軟的撫摸。（蕭白·〈山鳥的歌〉）

☺ 秋天的夜，總是很美的，它並不寒冷，只是清涼。（陳醉雲·〈蟬與螢〉）

☺ 須臾，濃雲密佈，一陣大雨過了，那黑雲邊上鑲著白雲，漸漸散去，透出一派日光來，照耀得滿湖通紅。（吳敬梓·〈王冕的少年時代〉）

☺ 荷塘四面，長得許多樹，蓊蓊鬱鬱的。路的一旁，是些楊柳，和一些不知名字的樹。沒有月光的晚上，這路上陰森森的，有些怕人。（朱自清·〈荷塘月色〉）

☺ 一連嘗了幾個，都酸得嚥不下，只好擱在一邊，不吃了。（琹涵·〈酸橘子〉）

☺ 地上不見泥土，鋪滿桂花，踩在花上軟綿綿的。（琦君·〈故鄉桂花雨〉）

☺ 我在樹林裡猛然撞見一株全力盛開的黃槐，他那艷麗耀

眼的黃色花朵，在陽光下是一種龐大集團的色彩。（王家祥‧〈遇見一株樹〉）

☺ 院子裡風竹蕭疏，雨絲紛紛灑落在琉璃瓦上，發出叮咚之音，玻璃窗也砰砰作響。（琦君‧〈下雨天真好〉）

☺ 而風從赤道那邊緩緩地吹來，拂過院中大葉子的樹木，發著海潮一般的聲音，只有在炎熱的夏日的中午，才會有這種帶著涼爽的悠然的聲音！（羅蘭‧〈夏午〉）

☺ 我只知道有蔚藍的海，卻原來還有這碧綠的江。這是我的父母之鄉！（冰心‧〈故鄉的風采〉）

☺ 其實最偉大的還是榕樹。它是油綠油綠的，在巨大的樹幹之下，它的繁枝，一垂到地上，就入土生根。走到一棵大榕樹下，就像進入一片涼爽的叢林。（冰心‧〈故鄉的風采〉）

☺ 早風穿過樹梢，簌簌地像昨宵枕畔的絮語。（鐘梅音‧〈鄉居閑情〉）

☺ 雲雀在鳴囀，大脖子鴿群咕咕叫著，燕子無聲地飛翔，馬兒打著響鼻、嚼著草，狗兒沒有吠叫，溫馴地搖尾站著。（屠格涅夫‧〈鄉村〉）

☺ 花兒也知道求人愛憐似的，輕輕地落了一朵在我膝上，我俯下看時，頸項裡感得颼颼地一冷，原來又是一朵。（徐蔚南‧〈快閣的紫藤花〉）

☺ 田野仍一片翠綠，大部分樹木還沒有披上多彩的衣裳；到處都有單棵的深紅的橡樹，或者色澤鮮豔的楓樹，或者是栗樹，它們有的是黃色的，有的是比夏天淺一些的綠色。（霍桑‧〈瓦爾登湖〉）

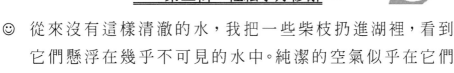

☺ 從來沒有這樣清澈的水，我把一些柴枝扔進湖裡，看到它們懸浮在幾乎不可見的水中。純潔的空氣似乎在它們的下面，也在它們的上面。（霍桑・〈瓦爾登湖〉）

☺ 我踏上了樹木繁茂的路途，在那裡不時可以看到大海，微風帶著鹹鹹的、溫潤的樹葉和牛奶的味道。（普魯斯特・〈海〉）

☺ 四面都有小丘，平地是綠的，小丘也是綠的。羊群一會兒上了小丘，一會兒又下來，走在哪裡都像給無邊的綠毯繡上了白色的大花。（老舍・〈草原〉）

☺ 那些小丘的線條是那麼柔美，就像沒骨畫那樣，只用綠色渲染，沒有用筆勾勒，於是，到處翠色欲流，輕輕流入雲際。（老舍・〈草原〉）

☺ 五顏六色的野茉莉，紅的、白的、粉的、藍的、紫的、紅色點白點、藍色起白線的，還有一半粉一半白、一半藍一半紅的。（羅蘭・〈夏午〉）

☺ 這小鎮，在陽光焦點下的一個小鎮，亮得發白。一切色彩都消失在亮得發白的陽光裡。（羅蘭・〈夏午〉）

☺ 朋友買了一件衣料，綠色的底子帶白色方格。（宋晶宜・〈雅量〉）

☺ 庭院未鋪柏油，一下雨，便泥濘不堪。（洪醒夫・〈紙船印象〉）

☺ 巴黎剛剛由寒冬中甦醒過來，地上該綠的地方都已經綠了，但大部分的樹枝都還是光禿禿的。（殷穎・〈巴黎的冷雨〉）

☺ 風裡帶來些新翻泥土的氣息，混著青草味，還有各種花

的香，都在微微潤溼的空氣裡醞釀。（朱自清‧〈春〉）

☺ 刨冰一匙一匙挖入嘴裡，冰花瞬即溶化，溶入舌尖，那種泌涼暢快的感覺，足以將豔陽溶化掉。（古蒙仁‧〈吃冰的滋味〉）

三、誇飾

誇飾：又稱「舖張」、「誇張」。在描述事物的時候，以「誇大其辭」的修辭方式，使平淡無奇的句子，增添生動趣味的效果。依表達的方式，分「誇大」和「縮小」。

誇大：把人、事、物的特點，誇張放大遠超過客觀事實的一種修辭方法。

◎ 君不見黃河之水天上來，奔流到海不復回。君不見高堂明鏡悲白髮，朝如青絲暮成雪。（李白‧〈將進酒〉）

縮小：把人、事、物的特點，誇張縮小遠超過客觀事實的一種修辭方法。

◎ 朝辭白帝彩雲間，千里江陵一日還。（李白‧〈早發白帝城〉）

例句：

☺ 怒髮衝冠，憑欄處，瀟瀟雨歇。（岳飛‧〈滿江紅〉）

☺ 白髮三千丈，離愁似箇長。（李白‧〈秋浦歌〉）

☺ 朝辭白帝彩雲間，千里江陵一日還。（李白‧〈早發白帝城〉）

☺ 君不見高堂明鏡悲白髮，朝如青絲暮成雪。（李白‧〈將

進酒〉）

☺ 草木為之含悲，風雲因而變色。（孫文·〈黃花岡烈士事略序〉）

☺ 滿園子裡便鴉雀無聲，比皇帝出來還安靜悄得多呢！連一根針跌在地下都聽得見響。（劉鶚·〈明湖居聽書〉）

☺ 恍若幾十根弦，幾百個指頭，在那裡彈似的。（劉鶚·〈明湖居聽書〉）

☺ 小喇叭的尖音劃破我的皮膚。（吳望堯·〈與永恆做一次拔河〉）

☺ 或者以我的一顆貝齒去振撼一座山，去轟動一個海洋。（朵思·〈沉寂以後〉）

☺ 因為好玉難求，所以投入了全部的家當，幸好他是個單身漢，否則連老婆也會被他當了。（林清玄·〈情困與物困〉）

☺ 外孫的意外死亡，使得父親、母親一夜之間白了頭髮。（三毛·〈永恒的母親〉）

☺ 路面已經被風吹洗得相當乾淨，她們還是照掃不誤，一絲不苟，絕不撿便宜，也從來沒有一寸路會在她們的掃把底下漏掉。（張騰蛟·〈那默默的一群〉）

☺ 一粒沙子嵌進肉中，痛得牠昏天黑地。（杏林子·〈生之歌選〉）

☺ 裡面有一條線，一條直的，可以延伸至無限的線。（西西·〈剪貼冊〉）

☺ 左邊的鞋印才下午／右邊的鞋印已黃昏了。（洛夫·〈煙之外〉）

☺ 情人的血特別紅，可以染冰島成玫瑰。（余光中‧〈情人的血特別紅〉）

☺ 劍外忽傳收薊北，初聞涕淚滿衣裳。（杜甫‧〈聞官軍收河南河北〉）

☺ 彈指又過了三、四年。（吳敬梓‧〈王冕的少年時代〉）

四、轉化

轉化：又稱「比擬」、「擬化」。在描述事物的時候，以另一種與本質截然不同的事物來形容。分為「擬人」和「擬物」兩種。

（一）擬人：把物擬化成人，也就是以人比物。

◎怯憐憐的小雪球是探春信的小使，鈴蘭與香草是歡喜的初聲，窈窕的蓮馨、玲瓏的石水仙、愛熱鬧的克羅克斯、耐辛苦的蒲公英與雛菊—這時候春光已經爛縵在人間，更不需殷勤問訊。（徐志摩‧〈我所知道的康橋〉）

（二）擬物：把人擬化成物，也就是以物比人。

◎你不妨搖曳著一頭的蓬草，不妨縱容你滿腮的苔蘚。（徐志摩‧〈翡冷翠山居閒話〉）

例句：

☺ 只有夜風還醒著，從竹林裡跑出來，跟著提燈的螢火蟲，在美麗的夏夜裡愉快地旅行。（楊喚‧〈夏夜〉）

☺ 只有綠色的小河還醒著，低聲歌唱著溜過彎彎的小橋。（楊喚‧〈夏夜〉）

☺ 牠們在陽光照耀的草地上，快活的跳動著，嬉戲著。（張

秀亞·〈溫情〉)

☺ 牠們一定會發出感人的慰語,表現出牠們最純摯的感情。（張秀亞·〈溫情〉）

☺ 月光如流水一般,靜靜地瀉在這一片葉子和花上。（朱自清·〈荷塘月色〉）

☺ 老成凋謝,莫可諮詢。（連橫·〈臺灣通史序〉）

☺ 這樣才可用一枝畫筆攝取湖光的滉漾,樹影的參差,和捕捉朝暉夕陰。（蘇雪林·〈島居漫興〉）

☺ 我的日子滴在時間的流裡,沒有聲音,也沒有影子。（朱自清·〈匆匆〉）

☺ 我老覺得我們的小屋快要炸了,快要被澎湃的愛情和友誼撐破了。（張曉風·〈地毯的那一端〉）

☺ 你的嘆息,應該被快樂絞殺,而對著明天歌唱。（楊喚·〈短章〉）

☺ 一大片河床孵出,多少西瓜,多少圓渾的希望。（余光中·〈車過枋寮〉）

☺ 就像阿公和阿媽／為阿爸織就了一生／綿長而細密的呵護。（吳晟·〈負荷〉）

☺ 海風吹拂著,溪流嗚咽著,飛螢點點,輕煙縹緲,遠山近樹,都在幽幽的蟲聲裡朦朧睡去,等待著另一個黎明的到來。（鐘梅音·〈鄉居閑情〉）

☺ 日頭落盡雲影無光時,兩岸皆漸漸消失在溫柔暮色裡。（沈從文·〈箱子岩〉）

☺ 透過明亮的玻璃窗,見無限的黃昏把遠處的瓦灰色樓房和近處的幾排高大的楊樹,裝點得那麼輝煌和瀟灑。（遲

子建‧〈炒米胡同裡面看夕陽〉）

☺ 他們的面上，惟有嘴在微微抽動，好像在細細地品味著什麼，沉凝地回味著甚麼。大概是咀嚼黃昏吧。（遲子建‧〈炒米胡同裡面看夕陽〉）

☺ 牠未被老頭捉住之前，牠是飛在天上的，天那麼空闊，天便全然是牠的；黎明的時候，牠一定是飛得像雲一樣地高，向黑暗宣告著光明。（賈平凹‧〈雲雀〉）

☺ 閒人心閒，安步有餘樂，好風好水亦相隨，多麼快樂逍遙！（棻涵‧〈微風細雨〉）

☺ 書頁芬芳，唯有打開它的人，方能領會和享有。（棻涵‧〈依然芬芳〉）

☺ 配著那鼓聲，殿裡的燕子也如潮的在面前穿梭細語。（林清玄‧〈佛鼓〉）

☺ 向日葵花是驕傲的，快樂的；蘿蔔花卻那樣謙卑。我曾經多麼喜歡那大門大的草地啊，古柏樹像一個巨人，蔥麻樹張著星魚形的大葉子，還有那披著長髮的萬年青。（何其芳‧〈老人〉）

☺ 這些街道和巷弄才可以經常保有一張清潔的容顏。（張騰蛟‧〈那默默的一群〉）

☺ 她們總是披著一身淡淡的夜色便開始工作。（張騰蛟‧〈那默默的一群〉）

☺ 當街燈亮起來向村莊道過晚安，夏天的夜就輕輕地來了。（楊喚‧〈夏夜〉）

☺ 屋頂上的雨水滴落下來，卻理直氣壯的在簷下匯成一道水流。（洪醒夫‧〈紙船印象〉）

☺ 打開面海的窗子，聽海浪拍岸的聲音，那麼宏壯而深沉的、帶著遠古的荒涼與寂寥的聲音。（羅蘭・〈聲音的聯想〉）

☺ 那就摺一張闊些的荷葉，包一片月光回去，回去夾在唐詩裡，扁扁地，像壓過的相思。（余光中・〈滿月下〉）

☺ 我的手緊握著一街的寧靜／緊握著一己的孤獨。（秀陶・〈夜歸〉）

☺ 翌日比賽開始，一個個像猛虎出柙，一個人抱著球沒命的跑，對方的人就沒命的追，飛身抱他的大腿，然後好多好多的人趕上去橫七豎八的擠成一堆。螞蟻打仗都比這個有秩序！（梁實秋・〈球賽〉）

五、象徵

象徵：將抽象的觀念、事物、或情感，以具體的事物或意象來表達。

◎夕陽無限好，只是近黃昏。（李商隱・〈登樂遊原〉）

例句：

☺ 只盼望自己能以母親的心情，為子女摺出一艘艘未必漂亮但卻堅強的、禁得住風雨的船，如此，便不致愧對紙船了。（洪醒夫・〈紙船印象〉）

☺ 問渠那得清如許，為有源頭活水來。（朱熹・〈觀書有感〉）

☺ 傻了二十多年，知道自己是小人物，一隻螞蟻一棵小草而已，只要自己坦坦蕩蕩心安理得。（張愛玲・〈獨白〉）

☺ 母親的腿上，好似綁著一條無形的帶子，那一條帶子的長度，只夠她在廚房和家中走來走去。大門雖然沒有上

鎖，她心裡的愛，卻使她甘心情願把自己鎖了一輩子。
（三毛‧〈永恒的母親〉）

☺ 離愁漸遠漸無窮，迢迢不斷如春水。（歐陽修‧〈踏莎行〉）

☺ 也許我們看某人不順眼，但是在他的男友或女友心中，往往認為他如「天仙」或「白馬王子」般地完美無缺。（宋晶宜‧〈雅量〉）

☺ 我已父親不相見已二年餘了，我最不能忘記的是他的背影。（朱自清‧〈背影〉）

☺ 將橘子一股腦兒放在我的皮大衣上。（朱自清‧〈背影〉）

☺ 我為了明日的麵包及昨日的債務辛勞的工作。（紀弦‧〈存在主義〉）

☺ 你忽然駐足說：「我在地毯的那一端等你！我等著你；曉風，直到你對我完全滿意。」（張曉風‧〈地毯的那一端〉）

☺ 在田野裡，誰把腰向土地彎得厲害，誰和泥土貼得最近，誰的收穫就最多，就最充實。我找到我剜不著薺菜的原因了，因為我長大了，長高了，離泥土也就越來越遠了。（閱凡利‧〈臘月薺菜香〉）

六、映襯

映襯：在描述事物的時候，以另一種相反的事物來襯托。分為「反襯」、「對襯」和「雙襯」。

類型	例　　　句
反襯	最富有的窮人
對襯	富者愈富，貧者愈貧。
雙襯	想要助人者，卻沒有錢；有錢的人，偏偏一毛不拔。

（一）反襯：形容一個人或一件事物，用和它本質相反的
　　　語詞加以形容。

　　　◎有運動家風度的人，寧可有光明的失敗，絕不要
　　　　有不榮譽的成功。（羅家倫‧〈運動家的風度〉）

（二）對襯：形容兩個人或兩件事物，用兩種不同的事物
　　　加以形容。

　　　◎是故聖益聖，愚益愚。（韓愈‧〈師說〉）

（三）雙襯：形容一個人或一件事物，用兩種不同的事物
　　　加以形容。

　　　◎我們是一列憂愁而又快樂的行道樹。

例句：

☺　許多鳴蟲，總愛在清涼的夜裡，啁啾應和著嘹亮的歌唱。
　　只有蟬，牠卻愛在炎熱的白晝，踞在高高的樹枝上，引
　　聲嗷嘯。（陳醉雲‧〈蟬與螢〉）

☺　當人們正熱得要瞌睡的時候，他們卻越是沾沾自喜地恣
　　肆播唱。（陳醉雲‧〈蟬與螢〉）

☺　犯的事小，他等到第二天早晨，我睡醒時，才教訓我；
　　犯的事大，她等到晚上人靜時，關了房門，先責備我，
　　然後行罰，她是我的嚴師，我的慈母。（胡適‧〈母親的
　　教誨〉）

☺　什麼都可以馬虎，就是謝恩這件大事絕不可疏忽。（藍
　　蔭鼎‧〈飲水思源〉）

☺　尋找的過程，乍看是一種愚昧的浪費，其實卻是寶貴的
　　經驗。（藍蔭鼎‧〈飲水思源〉）

☺　給那寂寥的庭院增加了不少生動之美。（張秀亞‧〈溫情〉）

☺ 那模樣就顯得非常惹人憐愛並且可笑,但我當時笑不出來,反而泫然欲泣了。(張秀亞‧〈溫情〉)

☺ 桃花潭水深千石,不及汪倫送我情。(李白‧〈贈汪倫〉)

☺ 親賢臣,遠小人,此先漢所以興隆也;親小人,遠賢臣,此後漢所以傾頹也。(諸葛亮‧〈出師表〉)

☺ 作卑微的工作,樹高傲的自尊。(陳之藩‧〈哲學家皇帝〉)

☺ 有運動家風度的人,寧可有光明的失敗,決不要不榮譽的成功。(羅家倫‧〈運動家風度〉)

☺ 立在城市的飛塵裡,我們是一列憂愁而快樂的樹。(張曉風‧〈行道樹〉)

☺ 至於不幸的光緒皇帝是否在這美麗的監獄裡,樂而忘憂,那恐怕祇有光緒皇帝自己和跟隨他的人才知道了。(蔣夢麟‧〈故都的回憶〉)

☺ 我達達的馬蹄是美麗的錯誤。(鄭愁予‧〈錯誤〉)

☺ 每次論戰,對象一定得是一個可敬的敵人。(余光中‧〈掌上雨〉)

☺ 怪不得人家叫你「無事忙」。(曹雪芹‧〈紅樓夢〉)

☺ 信義行於君子,而刑戮施於小人。(歐陽修‧〈縱囚論〉)

☺ 古之聖人,其出人也遠矣,猶且從師而問焉;今之眾人,其下聖人也亦遠矣,而恥學於師。(韓愈‧〈師說〉)

☺ 朱門酒肉臭,路有凍死骨。(杜甫‧〈自京赴奉先縣詠懷五百字〉)

☺ 感時花濺淚,恨別鳥驚心。(杜甫‧〈春望〉)

☺ 蟬噪林逾靜,鳥鳴山更幽。(王籍‧〈入若耶溪〉)

☺ 去年今日此門中，人面桃花相映紅，人面不知何處去，桃花依舊笑春風。（崔護·〈題都城南庄〉）

☺ 無可奈何花落去，似曾相識燕歸來。（晏殊·〈浣溪沙〉）

☺ 有山皆入畫，無樹不參天。（劉爵湛·〈秀峰寺〉）

☺ 人們都太忙了，從忙著吃奶、長牙，到忙著學走路、學說話、學唸書……以至於忙著魂牽夢縈的戀愛，氣急敗壞地賺錢，因此忘了他們的周遭，還有這麼一個可愛的世界，而我，卻從一般人以為枯燥貧乏的鄉居生活裡，認識了它們。（鐘梅音·〈鄉居閑情〉）

☺ 做母親的人們總逼著孩子午睡，那是因為她們自己倦了。而孩子們是不知倦的，他們正對這世界充滿了好奇。（羅蘭·〈夏午〉）

☺ 我們談到夜闌才散，所有花生食品雖然沒有了，然而父親的話現在還印在我心版上。（許地山·〈落花生〉）

☺ 那條裙子在母親眼裡勝過多少綾羅綢緞，她把最珍貴的東西毫不吝嗇地給了我，我卻幼稚地否定了它的價值。（趙立雁·〈一世蔭涼〉）

☺ 紅塵雖然多采，有時卻也寒涼。（琹涵·〈暖風吹過〉）

☺ 惜別的月臺，令人感傷；然而，想到別離正是重逢的開始，哀傷裡仍有滿心的期盼。（琹涵·〈惜別的月臺〉）

☺ 夜裡我夢自己，正拚命的解開身上的繩子，那繩子卻越解越緊。（林清玄·〈高空氣球〉）

☺ 唯有在失敗中成功，才不只是形式與事業的成功，而是連心靈也成功了。（林清玄·〈被失敗的蘋果擊中〉）

☺ 一個人對於苦與樂的看法並不是一定，也不是永久的，

就如同我現在回想童年生活，感覺到它有許多苦的部分，其實苦中有樂，許多當年深以為苦的事，現在想起來卻充滿了快樂。（林清玄・〈孔雀菜〉）

☺ 在灰燼裡拾到一顆小珍珠，是比在珠寶店櫥窗內看見一粒大珍珠更為快樂。（林語堂）

☺ 泥土是人類所賴以生存的好東西，可是當它出現在馬路時，就惹人厭了。（張騰蛟・〈那默默的一群〉）

☺ 年年歲歲，漫長的忍耐，無盡的辛酸，那一粒醜陋的沙礫已變成美麗的珍珠。（杏林子・〈生之歌選〉）

☺ 痛苦的代價成就了榮耀的光彩。（杏林子・〈生之歌選〉）

☺ 創業的人都會自然而然的想到上天，而敗家的人卻無時不想到自己。（陳之藩・〈謝天〉）

☺ 道德是提昇自我的明燈，不該是呵斥別人的鞭子。（證嚴法師・〈靜思語〉）

☺ 那一粒醜陋的沙礫已變成美麗的珍珠。（杏林子・〈一顆珍珠〉）

☺ 她使我們半夜失眠，日間疲憊不堪。我卻覺得這是人間最快樂的痛苦，最甜蜜的折磨。（林良・〈小太陽〉）

☺ 我喜歡讀小說，但只喜歡讀悲劇，不喜歡讀慘劇。因為悲與慘不同，悲能引人深思，慘只能叫人絕望。（琦君・〈悲劇與慘劇〉）

七、雙關

雙關：用暗喻或同音的語詞，同時表達兩種不同的意思。

　　◎牙齒嘿，還能遮掩，牙齒暴，又該如何呢？有人左右各暴一顆，極有對稱之美，這是「聯合報」，有人只暴一顆門牙，這是「中央日報」，最近長出來的暴牙，當然是「新生報」，長大後才突然暴出的特立的一顆，則為「自立晚報」，這裡一、兩顆，那邊又發現一顆，不知什麼時候又會發現另外一顆暴牙，當然是「自由時報」。（蕭蕭·〈太陽神的女兒〉）

例句：

☺ 東邊日出西邊雨，道是無晴還有晴。（劉禹錫·〈竹枝詞〉）

☺ 四面又明明是寒冬，正給我非常的寒威和冷氣。（魯迅·〈風箏〉）

☺ 春蠶到死絲方盡，蠟炬成灰淚始乾。（李商隱·〈無題〉）

☺ 向晚意不適，驅車登古原；夕陽無限好，只是近黃昏。（李商隱·〈登樂遊原〉）

☺ 往後的日子，兒子開始在下課後被留下來，開始了他自己說的留學生涯。（小野·〈青銅小子〉）

☺ 高節人相重，虛心世所知。（張九齡·〈詠竹〉）

☺ 白日依山盡，黃河入海流；欲窮千里目，更上一層樓。（王之渙·〈登鸛鵲樓〉）

☺ 娘什麼，老子都不老子啊！（胡適·〈母親的教誨〉）

八、引用

引用：寫文章的時候，引用俗語、諺語、歇後語、他人所
　　　說的話、詩詞或文章，藉以增加文章說服力的修辭
　　　法。分為「明引」和「暗用」兩種。

明引：引用的時候，清楚指明出處。

　　　◎孔子說：「知之者不如好之者，好之者不如樂之者。」
　　　　人生能從自己職業中領悟出趣味，生活才有價值。
　　　　（梁啟超．〈敬業與樂業〉）

暗用：引用的時候，沒有指明出處。

　　　◎「吹面不寒楊柳風」，不錯的，像慈母的手撫摸著
　　　　你。（朱自清．〈春〉）

例句：

☺　孔子說：「知之者不如好之者，好之者不如樂之者。」
　　人生能從自己職業中領悟出趣味，生活才有價值。（梁
　　啟超．〈敬業與樂業〉）

☺　夢湘先生論得透闢極了，於我心有戚戚焉。（劉鶚．〈明
　　湖居聽書〉）

☺　書本原不是簡策楮墨之所謂，大自然才是「取之不盡，
　　用之不竭」的大教科書。（李霖燦．〈山水與人生〉）

☺　曾文正公說：「作人從早起起。」因為這是每人每日所
　　做的第一件。（梁實秋．〈早起〉）

☺　所謂「山色空濛雨亦奇」，我於此體會了這種境界的好
　　處。（豐子愷．〈山中避雨〉）

☺　養成運動家的風度，首先要認識「君子之爭」。（羅家倫．

〈運動家的風度〉)

☺ 古人說:「人在畫圖中。」實在不錯。(吳敬梓·〈王冕的少年時代〉)

☺ 孔子所以說:「無入而不自得」,正是這種作用。(梁啟超·〈最苦與最樂〉)

☺ 四周有薄薄的山風襲來,帶著微微的溼意,不記得是誰寫過這樣的詩句:「山路原無雨,空翠溼人衣。」大約就是這種光景。(王熙元·〈細雨濛濛鳥來行〉)

☺ 事實上,也唯有汗滴禾下土,才造就了纍纍的稻穗。(琹涵·〈秋的教誨〉)

☺ 一盤盤菜端上桌子,主人一再謙稱鄉下沒有好菜,所謂「盤飱市遠無兼味」,我卻特別喜歡這份「菜根香」。(王熙元·〈葡萄成熟時〉)

九、借代

借代:又稱「代替」。在描述事物的時候,不用原來熟悉、常用的語詞,而借用其他名稱或語詞來取代。
◎臣本布衣,躬耕於南陽。(諸葛亮·〈出師表〉)

例句:

☺ 重以改隸之際,兵馬倥傯,檔案俱失,私家收拾,半付祝融,則欲取金匱石室之書,以成風雨名山之業,而有所不可。(連橫·〈臺灣通史序〉)

☺ 烽火連三月,家書抵萬金。(杜甫·〈春望〉)

☺ 臣本布衣,躬耕南陽,苟全性命於亂世,不求聞達於諸侯。(諸葛亮·〈出師表〉)

☺ 其中往來種作，男女衣著，悉如外人；黃髮垂髫，並怡然自樂。（陶淵明・〈桃花源記〉）

☺ 慨當以慷，幽思難忘。何以解憂？唯有杜康。（曹操・〈短歌行〉）

☺ 居廟堂之高，則憂其民；處江湖之遠，則憂其君。（范仲淹・〈岳陽樓記〉）

☺ 鳳凰臺上鳳凰遊，鳳去臺空江自流。吳宮花草埋幽徑，晉代衣冠成古丘。（李白・〈登金陵鳳凰臺〉）

☺ 客從遠方來，遺我雙鯉魚。呼兒烹鯉魚，中有尺素書。（佚名・〈飲馬長城窟行〉）

☺ 為何老想把手貼在河面，讓溫暖流過海峽，慰藉那秋色的海棠。（李覓・〈我還沒見過長江〉）

☺ 我為了明天的麵包和昨日的債務辛勤地工作。（紀弦・〈存在主義〉）

☺ 人生不相見，動如參與商；今夕是何夕？共此燈燭光。（杜甫・〈贈衛八處士〉）

☺ 慈烏復慈烏，鳥中之曾參。（白居易・〈慈烏夜啼〉）

☺ 無絲竹之亂耳，無案牘之勞形。（劉禹錫・〈陋室銘〉）

☺ 過盡千帆皆不是，斜暉脈脈水悠悠。（溫庭筠・〈望江南〉）

☺ 漢皇重色思傾國，御宇多年求不得。（白居易・〈長恨歌〉）

☺ 孤帆遠影碧山盡，惟見長江天際流。（李白・〈黃鶴樓送孟浩然之廣陵〉）

☺ 奧爾森大鐘落成時，安徒生墓木已拱，要不然一定會在這個機器上，大做童話文章。（莊裕安・〈夏夜微笑・太陽底下有新鮮事〉）

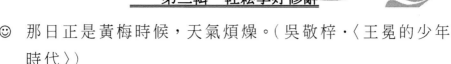

☺ 那日正是黃梅時候，天氣煩燥。（吳敬梓・〈王冕的少年時代〉）

☺ 父親卻悄悄的溜進書房作他的「唐詩」。（琦君・〈下雨天，真好〉）

☺ 他們告訴我，今年夏天，你或有遠遊的計畫，去看梵谷或徐悲鴻，帶著畫架和一頭灰髮，和豪笑的四川官話。（余光中・〈寄給畫家〉）

☺ 道歉可以化干戈為玉帛，可以冰釋彼此之間的誤會，更可以消弭仇恨。（栞涵・〈說聲對不起〉）

十、轉品

轉品：中國語文上，把詞分為九類：名詞、代名詞、動詞、形容詞、副詞、介詞、連詞、助詞、歎詞，稱為「九品詞」。而轉品就是將一個語詞的詞性，改變為另一個詞性的意思。

　　◎老吾老以及人之老，幼吾幼以及人之幼，天下可運於掌。（孔子・〈禮運大同篇〉）

例句：

☺ 蠶食諸侯，使秦成帝業。（李斯・〈諫逐客書〉）

☺ 親賢臣，遠小人。（諸葛亮・〈出師表〉）

☺ 巫、醫、樂師、百工之人，君子不齒。（韓愈・〈師說〉）

☺ 飯疏食，飲水，曲肱而枕之。（孔子弟子及再傳弟子・《論語》）

☺ 我祇是為學問而學問，為勞動而勞動。（梁啟超・〈為學與做人〉）

☺ 不要緊，天雨，我有木屐哩！（夏丏尊·〈生活的藝術〉）

☺ 你分不清他們究竟唱出了快樂，還是唱出了哀愁。（吳延玫·〈火鷓鴣鳥〉）

☺ 這時候，春光已是爛漫在人間了。（徐志摩·〈我所知道的康橋〉）

☺ 細細欣賞山水，時時出外旅行。（李霖燦·〈山水與人生〉）

☺ 寒山寺的鐘聲悠揚，虎丘塔的雄姿牢固，唐伯虎的新墳落成，蘇州又回來了！蘇州更加蘇州！（王蒙·〈蘇州賦〉）

☺ 無數根髮絲猶如滿月朗照下的一片草地，柔和得不能再柔和，安詳得不能再安詳了。（遲子建·〈炒米胡同裡面看夕陽〉）

☺ 今日不雨，明日不雨，即有死蚌！（《戰國策》）

☺ 神定，捉蝦蟆，鞭數十，驅之別院。（沈復·〈兒時記趣〉）

☺ 春風又綠江南岸。（王安石·〈泊船瓜洲〉）

☺ 白日放歌須縱酒，青春作伴好還鄉。（杜甫·〈聞官軍收河南河北〉）

☺ 可是窮人要是狗著有錢，往高處爬，比什麼也壞。（老舍·〈柳家大院〉）

☺ 曹金鈴，那個好吉普賽的姑娘。（陳怡真·〈美的旋律〉）

☺ 小鬼的睡衣短短的，很夏天。（朱天心·〈綠兮夢兮〉）

☺ 轎夫與吹鼓手成行的走過，一路是華美的搖擺。（張愛玲·〈紅鸞禧〉）

十一、呼告

呼告：對於正在敘述的事情，改變平舖直敘的語氣，而用對話的方式來呼喊。分為「普通呼告」、「示現呼告」、「擬人呼告」。

（一）普通呼告：又稱「當面呼告」，對著面前的人呼告，而聽的人就在眼前。

◎母親喚他到面前來說道：「兒啊！不是我有心要耽誤你，只因你父親亡後，我一個寡婦人家，……如何供得起你讀書？……」（吳敬梓・〈王冕的少年時代〉）

（二）示現呼告：呼告不在面前的人，而聽的人在遠方，或已死去。此類呼告帶著「示現」的性質。

◎微之，微之！此夕此心，君知之乎！（白居易・〈與元微之書〉）

（三）擬人呼告：把物當作人來呼告。

◎呀！秋，你是生命的象徵，你是成功的凱旋。我要像你膜拜，致上我的虔誠。（曾虛白・〈秋－聽說你已來到〉）

例句：

☺ 中國啊中國，你全身的痛楚就是我的痛楚；你滿臉的恥辱就是我的恥辱。（余光中・〈地圖〉）

☺ 海呀！我聊解你那憤怒的吼叫。海呀！我聽見了你那痛苦的呼吸。（楊喚・〈海〉）

☺ 啊！飛來的花瓣，變成一朵朵馥鬱的鮮花，開在老師的

心間。（望安・〈校園交響詩〉）

☺ 呀，天上好一輪圓月！月光下石壁同河面，一切皆鍍了
銀，已完全變換了一種調子。（沈從文・〈箱子岩〉）

☺ 哎！報歲蘭又要開了，時間真是快呀！（林清玄・〈報
歲蘭〉）

☺ 「看！這是什麼！」爸兩手舉得高高的。（李捷金・〈小
白豬〉）

☺ 喔！花雨滿天。（周夢蝶・〈聞雷〉）

☺ 哎！我不知何時再能與他相見！（朱自清・〈背影〉）

☺ 啊，好極了！又是個下雨天。（琦君・〈下雨天，真好〉）

☺ 海喲，為何在眾燈之中／獨點亮那一盞茫然。（洛夫・〈煙
之外〉）

十二、設問

設問：以詢問的語氣表達，藉以吸引讀者的注意。分為「疑
問」、「提問」和「激問」三種。

疑問：又稱「懸問」。提出了問題，卻沒有提供答案，讓讀
者有無限的想像空間。

◎我們的日子為什麼一去不復返呢？是有人偷了他
們吧？那是誰？又藏在何處呢？是他們自己逃走
了吧？現在又到那裡呢？（朱自清・〈匆匆〉）

提問：以「自問自答」的方式表達。提出了問題，緊接著
也提供了答案。

◎人生什麼最苦呢？貧嗎？不是。失意嗎？不是。
老嗎？死嗎？都不是。我說人生最苦的事，莫若

於身上背著一種未了的責任。（梁啟超·〈最苦與最樂〉）

激問：提出了問題，雖然沒有提供答案，可是答案呼之欲出，不說也知道，帶有「反詰」的口吻。

◎雖然我的手不再美麗，但我希望他多學習一點付出的功課，在別人危難時及時伸出援手，但願這也是一雙懂得安慰的手，禱告的手。那麼，就是它的外表再醜點又有什麼關係呢？（杏林子·〈生之歌選〉）

例句：

☺ 當夏秋之間，在月暗星稀、鳴蟲雜奏的夜晚，點綴著夜空的是什麼呢？（陳醉雲·〈蟬與螢〉）

☺ 單是瞧牠們婆娑起舞，或是嬌憨地搖著扇子招牠們來，不是較戲弄牠們更有趣味，更覺得可愛嗎？（陳醉雲·〈蟬與螢〉）

☺ 吾日三省吾身：為人謀而不忠乎？與朋友交而不信乎？傳不習乎？（孔子弟子及再傳弟子·《論語》）

☺ 什麼叫做大事呢？大概地說，無論那一件事情，祇要從頭至尾徹底做成功，便是大事。（孫文·〈立志做大事〉）

☺ 諸君啊！你現在懷疑嗎？沉悶嗎？悲哀痛苦嗎？覺得外邊的壓迫你不能抵抗嗎？（梁啟超·〈為學與做人〉）

☺ 今夜封書在何處？廬山庵裡曉燈前。（白居易·〈與元微之書〉）

☺ 那麼讀什麼書呢？這就要看各人的興趣和需要。（梁實秋·〈漫談讀書〉）

☺ 這片山河對詩人的庇佑力日漸減弱,他們的船楫時時擱淺,他們的衣帶經常熏黑,他們由高邁走向苦吟,由苦吟走向無聲。中國,還留下幾個詩人?(余秋雨·〈三峽〉)

☺ 但是,聰明的,你告訴我,我們的日子為什麼一去不復返呢?(朱自清·〈匆匆〉)

☺ 我認識我自己嗎?我看不見自己,因為我只向別人眼中搜索讚美。(鍾玲·〈輪迴〉)

☺ 東方的紙上說:古有三不朽。西方的紙上說:不朽傑作。但請問,什麼是不朽?永遠不朽的,只有風聲、水聲,與無涯的寂寞而已。(陳之藩·〈寂寞的畫廊〉)

☺ 但可有治這心靈萎頓的藥品?噢,沒有,沒有聽說過。(艾雯·〈一束小花〉)

☺ 要是上頭沒有水不斷地來,下頭的水又有什麼用呢?(藍蔭鼎·〈飲水思源〉)

☺ 基隆的雨,也像不測的風雲一樣,即使是烈日當空,誰能擔保半小時或者幾分鐘以後,不下傾盆大雨呢?(謝冰瑩·〈雨港基隆〉)

☺ 當好客的主人邀請我們遊覽武威沙漠公園的時候,我心中充滿疑惑:除了黃沙與寂寞,這麼公園裡,還能有什麼?(畢淑敏·〈沙漠公園〉)

☺ 更有無數的野蜂在花朵上下左右嗡嗡地叫著,亂哄哄的飛著。牠們是在採蜜嗎?牠們是在舞蹈嗎?牠們是在和花朵遊戲嗎?(徐蔚南·〈快閣的紫藤花〉)

☺ 生活裡諸多不順遂,都像是一朵朵的烏雲,障蔽了原有

的藍天，這非我們所願：但，與其怨天尤人，何不積極化解呢？（栞涵·〈心情不下雨〉）

☺ 無數個今天堆疊起來就等於我們的一生，那麼，浪費今天和虛度生命又有什麼不同呢？（栞涵·〈每一個今天〉）

☺ 對酒當歌，人生幾何？譬如朝露，去日苦多。（曹操·〈短歌行〉）

☺ 從小，我們不都在跌跌撞撞裡長大？誰沒有被絆倒的經驗呢？如果你希望永遠不被絆倒，只怕終生都無法行走。（栞涵·〈絆倒〉）

☺ 好的文學作品哪裡需要粉飾雕琢？誠懇最要緊，即使是樸實無華的文詞，只要情真意切，自有感人肺腑的力量。（栞涵·〈內在的真誠〉）

☺ 就以人來說，又何嘗不是如此？（宋晶宜·〈雅量〉）

☺ 如果他能從這扇門窗望見日出的美景，你又何必要求他走向那扇窗去聆聽鳥鳴呢？（宋晶宜·〈雅量〉）

☺ 他明明知道要滴下眉毛上的汗珠，才能撿起田中的麥穗，而為什麼要謝天？（陳之藩·〈謝天〉）

☺ 從這個流傳甚廣的故事裡，我們得到什麼啟示呢？世界各地，每天都有因各種原因而陷入不幸，在痛苦的邊緣掙扎求生存的人，那些伸出來的祈求的手，何止成千上萬？（王溢嘉·〈撿海星的少年〉）

☺ 找回來就好了，有什麼好哭的呢？（李捷金·〈小白豬〉）

☺ 我明明是個孩子，混吃混喝，而我為什麼卻不感謝老天爺？（陳之藩·〈謝天〉）

☺ 你可曾看見過月亮從烏雲裡，露出半個臉兒的情景？

（鐘梅音·〈鄉居情趣〉）

☺ 為了擁有更美好的生活,有哪些思考方式與行為習慣是可以改變的？（郭騰尹·〈改變,從現在開始〉）

☺ 李商隱的詩說：「夕陽無限好,只是近黃昏。」詩人不正慨歎黃昏不能久留嗎？（季羨林·〈黃昏〉）

十三、感嘆

感嘆：以感嘆的方式,抒發強烈的情感。分為「嘆詞構成的感嘆句」、「助詞構成的感嘆」、「嘆詞和助詞構成的感嘆句」三種感嘆句。

（一）嘆詞構成的感嘆句：在句首加上了嘆詞,如啊、咦、呀、唉、喂、呵、噢、喔、哎、哇、哼、天啊、哎呀等。

◎他囑我路上小心,夜裡要夢醒些,不要受涼；又囑託茶房好好照應我。我心裡暗笑他的迂,他們只能認得錢,託他們直是白託；而且我這樣大年紀的人,難道還不能照料自己麼？唉！我現在想想,那時是太聰明了。（朱自清·〈背影〉）

（二）助詞構成的感嘆：在句尾加上了助詞,如：喲、哇、呀、啊、嘛、也、哪等。

◎美麗的夏夜呀！涼爽的夏夜啊！（楊喚·〈夏夜〉）

（三）嘆詞和助詞構成的感嘆句：在句首句尾同時加上嘆詞和助詞。

◎喲,我就是香港總督,香港的城隍爺,管這一方的百姓,我也管不到你頭上啊！（張愛玲·〈傾城

之戀〉）

例句：

☺ 嗯，凍死了，咪咪沒有兒子了，才更傷心呢！（謝冰瑩·〈貓〉）

☺ 一清早，掀開窗帘看看，窗上已灑滿了水珠；啊！好看極了，又是一個下雨天。（潘希珍·〈下雨天，真好〉）

☺ 美麗的夏夜呀！涼爽的夏夜啊！（楊喚·〈夏夜〉）

☺ 孩子，想想看，電動玩具讓你們失去學習爬樹、打獵的時間；電視慢慢模糊你們對森林的好奇，想想你們的夢想，有了文明病不需要忘了老泰雅啊！（瓦歷斯·諾幹·〈來到部落的文明〉）

☺ 所以，就這樣對前方懷抱著希望，繼續上路吧！（朵朵·〈希望〉）

☺ 哦！不是的，只因為那樣的生命歷程，太少挫折、太少挑戰、太少艱辛（陳幸蕙·〈我不祝你們一路順風〉）

☺ 然而像這樣只求近利、不顧長遠後果，肆意蹧蹋我們賴以安身立命的大地，卻是難以彌補的過度輕忽啊（吳晟·〈親近鄉野〉）

☺ 人類要把自己的家園毀了，因而危及自己的生存，老天又能奈何他呢！我所擔心的便是我們兄弟中的敗家子啊！（陳冠學·〈田園之秋〉）

☺ 喲！我是香港總督，香港的城隍爺，管這一方的百姓，我也管不到你頭上啊！（張愛玲·〈傾城之戀〉）

☺ 那憂鬱的夢啊！是枚白色的殼，我呀就是駝著那白色的殼的蝸牛。（楊喚·〈小樓〉）

☺ 你的尋訪棄在晨藹裡，啊！那乳白色的跫音在低迷的雁陣裡散了。（葉珊・〈壞人〉）

☺ 誰說夜霧輕得像貓的足步，我們如傾耳靜聽，正可聆見那一顆顆珠圓玉潤的滾動之聲哩！（陳曉薔・〈萬籟〉）

十四、倒反

倒反：表面上描述的意思與心裡所想的意思相反；分為「倒辭」與「反語」兩種。

（一）倒辭：沒有嘲弄諷刺意味的倒反辭。

　　◎一陣風過，葉兒又被劈下來。拾起一看，葉蒂已齧斷了三分之二。又是螞蟻幹的好事！哦，可惡！（蘇雪林・〈禿的梧桐〉）

（二）反語：帶有諷刺意味的倒反辭。

　　◎我那時真是聰明過分，總覺得他說話不大漂亮，非自己插嘴不可。（朱自清・〈背影〉）

例句：

☺ 輸呀，輸得精光才好呢！反正家裏有老牛馬墊背，我不輸也有旁人替我輸！（白先勇・〈永遠的尹雪艷〉）

☺ 你沒了老子，是多麼得意的事，好用來說嘴。（胡適・〈母親的教誨〉）

☺ 籠裡的鳥更不用說，常年的關在柵欄裡，飲啄倒是方便；冬天還有遮風的棉罩，十分地優待。（梁實秋・〈鳥〉）

☺ 我那時真是聰明過分，總覺得他說話不大漂亮，非自己插嘴不可。（朱自清・〈背影〉）

☺ 他死後，大家都很稱讚差不多先生樣樣事情看得破，想

得通；大家都說他一生不肯認真，不肯算帳，不肯計較，真是一位有德行的人。於是大家給他取個死後的法號，叫他做「圓通大師」。（胡適‧〈差不多先生傳〉）

☺ 書店進口兩側的柱子上寫著：「您、請、歡迎、對不起、沒關係、謝謝、再見。」我來了三次，沒聽過一個字。（羅智成‧〈北京備忘錄〉）

☺ 於是大家給他取個死後的法號，叫他做「圓通大師」。（胡適‧〈差不多先生傳〉）

十五、排比

排比：把同範圍、同性質的事物，用結構相似的句子，接二連三的表達出來。分「單句排比」和「複句排比」兩種。

單句排比：把同範圍、同性質的事物，用結構相似的單句，接二連三的表達出來。

◎入則無法家拂士，出則無敵國外患者，國恆亡。（孟子‧〈生於憂患，死於安樂〉）

複句排比：把同範圍、同性質的事物，用結構相似的複句，接二連三的表達出來。

◎燕子去了，有再來的時候；楊柳枯了，有再青的時候；桃花謝了，有再開的時候。（朱自清‧〈匆匆〉）

例句：

☺ 儘管瞧他們或上或下，或緩或急，或明或暗地在夜空中

晃漾。（陳醉雲 ·〈蟬與螢〉）

☺ 有人懂得力爭上游，以不辜負期許；有人卻喪失了自主的能力，只一味喜歡在庇蔭下生活。（邵僩 ·〈讓關心萌芽〉）

☺ 關心自己，可以檢討過去，策勵將來；關心親人，可以體察父母的愛，使父母感到欣慰，促進家庭的幸福。（邵僩 ·〈讓關心萌芽〉）

☺ 嘉木立，美竹露，奇石顯。（柳宗元 ·〈鈷鉧潭西小丘記〉）

☺ 宜鼓琴，琴調和暢；宜詠詩，詩韻清絕；宜圍棋，子聲丁丁然；宜投壺，矢聲錚錚然。（王禹偁 ·〈黃岡竹樓記〉）

☺ 扮一個牧童，扮一個漁翁，裝一個農夫，裝一個走江湖的桀卜閃，裝一個獵戶。（徐志摩 ·〈翡冷翠山居閒話〉）

☺ 對淵博友，如讀異書；對風雅友；如讀名人詩文；對謹飭友，如讀聖賢經傳；對滑稽友，如讀傳奇小說。（張潮 ·〈幽夢影〉）

☺ 有喜有憂，有笑有淚，有花有實，有香有色，既須勞動，又長見識，這就是養花的樂趣。（老舍 ·〈養花〉）

☺ 東風不來，三月的柳絮不飛，你底心是小小寂寞的城。跫音不響，三月的春帷不揭，我底心是小小的窗扉緊掩。（鄭愁予 ·〈錯誤〉）

☺ 如果沒有詩，吻只是碰觸，畫只是顏料，酒只是有毒的水。（王鼎鈞 ·〈有詩〉）

☺ 在沁涼如水夏夜中，有牛郎織女的故事，才顯得星光晶亮；在群山萬壑中，有竹籬茅舍，才顯得詩意盎然；在晨曦的原野中，有拙重的老牛，才顯得純樸可愛。（陳

之藩 ·〈失根的蘭花〉)

☺ 只有窗外瓜架上的南瓜還醒著,伸長了藤蔓輕輕地往屋頂上爬。只有綠色小河還醒著,低聲地歌唱著溜過彎彎的小橋。(楊喚 ·〈夏夜〉)

☺ 海嘯是可愛也是可怕的,有時它像鬼神在呼嘯,有時又像嫠婦在哀號;有時像夜之神吹著輕快的哨子,奔向黎明;有時又像理向強權發出控訴反抗的怒吼,它能使善良的人聽了鼓舞前進,使罪惡之人聽了膽戰心驚。(謝冰瑩 ·〈雨港基隆〉)

☺ 而那薰然的南風,吹拂著我的短髮,吹拂著滿園寂靜,和馬纓花的絲線樣的花瓣。(羅蘭 ·〈夏午〉)

☺ 放逸的生活是在加速燃燒、加速老化、加速了衰竭與死亡的時間。(林清玄 ·〈加速的燃燒〉)

☺ 她覺得衣料就是衣料,不是棋盤,也不是稿紙,更不是綠豆糕。(宋晶宜 ·〈雅量〉)

☺ 蝴蝶和蜜蜂們帶著花朵的蜜糖回來了,羊隊和牛隊告別了田野回家了,火紅的太陽也滾著火輪子回家了。(楊喚 ·〈夏夜〉)

☺ 很多時候,我們只看見不幸的表面,流血的創口,受傷的心。(杏林子 ·〈生之歌選〉)

☺ 有些是過眼雲煙,倏忽即逝;有些是熱鐵烙膚,記憶長存;有些像是飛鳥掠過天邊,漸去漸遠。(洪醒夫 ·〈紙船印象〉)

☺ 各色各樣的紙船或列隊而出,或千里單騎,或比肩齊步,或互相追逐,或者乾脆是曹操的戰艦——首尾相連。(洪

醒夫・〈紙船印象〉）

☺ 機巧的人輕視學問，淺薄的人驚服學問，聰明的人卻能
利用學問。（培根・〈談讀書〉）

十六、類疊

類疊：將字、詞、句重複的使用，用來增強語勢和意念，
展現文詞和美感。概分「疊字」、「類字」、「疊句」、
「類句」等四種。

疊字：兩個字重複使用。

◎尋尋覓覓，冷冷清清，悽悽慘慘戚戚。乍暖還寒
時候，最難將息。（李清照・〈聲聲慢〉）

類字（詞）：同樣的字或詞隔離使用。

◎是故無貴、無賤、無長、無少，道之所存，師之
所存也。（韓愈・〈師說〉）

◎伺候著河上的風光，這春來一天有一天的消息：
關心石上的苔痕，關心敗草裡的鮮花，關心這水
流的緩急，關心水草的滋長，關心天上的雲霞，
關心新來的鳥語。（徐志摩・〈我所知道的康橋〉）

疊句：同一語句連續使用。

◎少年不識愁滋味，愛上層樓，愛上層樓，為賦新
詞強說愁。（辛棄疾・〈醜奴兒〉）

類句：同一語句間用。

◎廬山煙雨浙江潮，未到千般恨不消，到得還來無
別事，廬山煙雨浙江潮。（蘇軾・〈觀潮〉）

例句：

☺ 牠們有些在夏季鳴唱，有些在秋季鳴唱。（陳醉雲·〈蟬與螢〉）

☺ 關心石上的苔痕，關心敗草裡的鮮花，關心這水流的緩急，關心水草的滋長，關心天上的雲霞，關心新來的鳥語。（徐志摩·〈我所知道的康橋〉）

☺ 是故無貴、無賤、無長、無少，道之所存，師之所存。（韓愈·〈師說〉）

☺ 少年不識愁滋味，愛上層樓，愛上層樓，為賦新詞強說愁。（辛棄疾·〈醜奴兒〉）

☺ 生乎吾前，其聞道也，固先乎吾，吾從而師之；生乎吾後，其聞道也，亦先乎吾，吾從而師之。（韓愈·〈師說〉）

☺ 長長的鬚法，長如長長的忍耐，短短的劍身，短如短短的生命。（羅青·〈獨行劍客〉）

☺ 給我一瓢長江水啊長江水，酒一樣的長江水。醉酒的滋味，是鄉愁的滋味，給我一瓢長江水啊長江水。（余光中·〈鄉愁四韻〉）

☺ 年來年往，古城悠悠，古泉悠悠。（鄧雲貴·〈故園之泉〉）

☺ 左邊是園，右邊是園。是塔是橋，是寺是河，是詩是畫，是石徑是帆船是假山。（王蒙·〈蘇州賦〉）

☺ 我們終於能夠平靜下來，保護蘇州，復原蘇州，欣賞蘇州，愛戀蘇州了。我們終於能珍重蘇州的美，開始懂得不應該去做那些褻瀆毀滅美的事情。（王蒙·〈蘇州賦〉）

☺ 它接連著落下來，落在我們的眉上，落在我們的腳上，落在我們的肩上。我們在這又輕又軟又香的花雨裡幾乎

睡去了。（徐蔚南·〈快閣的紫藤花〉）

☺ 兩岸山上佈滿了舊時的堡壘，高高下下的，錯錯落落的，斑斑駁駁的。（朱自清·〈萊茵河〉）

☺ 我的母親，每年冬季都被支氣管炎所苦，經常喘作一團，憋紅了臉，透不過氣來。可是家裡窮，母親捨不得花錢買藥，就那麼一冬季又一冬季地忍受著，一冬季比一冬季氣喘得厲害了。（梁曉聲·〈我和橘皮的往事〉）

☺ 開朗有必要，豁達有必要。原來，怎樣的心，便有怎樣的詩文，造就怎樣的人生。（琹涵·〈內心的聲音〉）

☺ 水流因雨勢而定，或急或緩，或大或小。（洪醒夫·〈紙船印象〉）

十七、層遞

層遞：描述兩個以上事物的時候，依照深淺、大小、高低、強弱、輕重等的分別，以遞升或遞降的方式表達。

　　◎兒童學作文是要分階段循序漸進的。每一個階段有每一個階段的目標。每一個階段有每一個階段的樂趣。「說得出，寫得出」是第一種境界。「說得清楚明白，有條有理」是第二種境界。「說得動聽，說得好」是第三種境界。（林良·《淺語的藝術》）

例句：

☺ 吾十有五而志於學，三十而立，四十而不惑，五十而知天命，六十而耳順，七十而從心所欲，不踰矩。（孔子弟子及再傳弟子·《論語》）

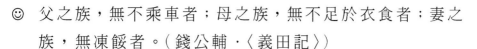

☺ 父之族，無不乘車者；母之族，無不足於衣食者；妻之族，無凍餒者。（錢公輔·〈義田記〉）

☺ 少年讀書，如隙中窺月；中年讀書，如庭中望月；老年讀書，如臺上玩月；皆以閱歷之淺深，為所得之淺深耳。（張潮·〈幽夢影〉）

☺ 知之者不如好之者，好之者不如樂之者。（孔子弟子及再傳弟子·《論語》）

☺ 生而知之者，上也；學而知之者，次也；困而學之，又其次也；困而不學，民斯為下矣。（孔子弟子及再傳弟子·《論語》）

☺ 讀書為考試，考試為升學，升學為留美。（林雨堂·〈來臺後二十四快事〉）

☺ 天時不如地利，地利不如人和。（孟子·《孟子》）

☺ 痛苦使人沉思，沉思使人智慧，智慧使人對生活比較易於忍受（周夢蝶·〈悶葫蘆居尺牘〉）

☺ 知止而後能定，定而後能靜而後能安，安而後能慮，慮而後能得。（曾參·《大學》）

☺ 知之者不如好之者，好之者不如樂之者。（孔子弟子及再傳弟子·《論語》）

☺ 曲闌迴干，流轉暮風聲；五階碧池，流瀉著月光。（吳宏一·〈笛聲〉）

☺ 子龍泉清冽甘甜，取之釀酒，芳香醇厚，古稱子龍酒。被醉倒者不知凡幾。古城之風雅名士每飲必醉，每醉必賦，每賦必有絕妙好詞。（鄧雲貴·〈故園之泉〉）

☺ 遊這一段兒，火車都不如輪船，朝日不如殘陽，晴天不

如陰天，陰天不如月夜。（朱自清・〈萊茵河〉）

☺ 一支蠟燭，如果沒有心，就不能燃燒；即使有心，也要點燃才有意義。點燃的蠟燭會有淚，但總比沒有燃燒的好。（琹涵・〈逆順〉）

☺ 班長無法達成排長交下的任務，排長無法達成連長交下的任務。（劉墉・〈你自己決定吧〉）

十八、回文

回文：句子以回環往復的形式呈現，類似頂真，卻有映襯的效果。分為「嚴式回文」和「寬式回文」兩種。

（一）嚴式回文：上下句的語詞完全一樣，可以順著讀，也可以倒著讀。

◎順著讀為「夫憶妻」：

枯眼遙望山水隔，往來曾見幾人知？壺怕空酌一杯酒，筆下難成和韻詩。途路阻人離別久，音訊無雁寄回遲。孤燈夜守常寥寂，夫憶妻兮父憶兒。（李禺）

◎倒著讀為「妻憶夫」：

兒憶父兮妻憶夫，寂寥常守夜燈孤。遲回寄雁無訊音，久別離人阻路途。詩韻和成難下筆，酒杯一酌空怕壺。知人幾見曾來往？隔水山望遙眼枯。（李禺）

（二）寬式回文：上下句的語詞不一定完全一樣，上一句的結尾是下一句的開頭，下一句的結尾是上一句的開頭。

◎信言不美，美言不信。善者不辯，辯者不善。知
　者不博，博者不知。（老子·《老子》）

例句：

☺ 有村舍處有佳蔭，有佳蔭處有村舍。（徐志摩·〈我所知
　道的康橋〉）

☺ 文章是案頭之山水，山水是地上之文章。（張潮·〈幽夢
　影〉）

☺ 是故弟子不必不如師，師不必賢於弟子。（韓愈·〈師說〉）

☺ 臣無祖母，無以至今日；祖母無臣，無以終餘年。（李
　密·〈陳情表〉）

☺ 學而不思則罔，思而不學則殆。（孔子弟子及再傳弟子·
　《論語》）

☺ 夫意其必來而縱之，是上賊下之情也；意其必免而復來，
　是下賊上之心也。（歐陽修·〈縱囚論〉）

☺ 江畔何人初見月，江月何年初照人。（張若虛·〈春江花
　月夜〉）

☺ 我想像以後雞能生很多蛋，而那些蛋又能變成小雞，小
　雞長大以後又能生蛋。（韓少功·〈我家養雞〉）

☺ 整個的空間屬於我，我屬於整個的空間。（羅蘭·〈夏午〉）

☺ 十字常常寫成千字，千字常常寫成十字。（胡適·〈差不
　多先生傳〉）

☺ 由儉入奢易，由奢入儉難。（司馬光·〈訓儉示康〉）

☺ 是故弟子不必不如師，師不必賢於弟子。（韓愈·〈師說〉）

☺ 學而不思則罔，思而不學則殆。（《論語》）

☺ 天上的星星是孩子的眼睛。當我們望著他們的時候，他

們也望著我們。所以,我們的眼睛也是星星。(羅蘭·〈暑假生活〉)

十九、對偶

對偶:上下句的字數相同,詞性相同,句法相似,內容有時近似映襯。在結構上,要求平仄相對的稱為「嚴式對偶」,簡稱「嚴對」;不要求平仄相對的稱為「寬式對偶」,簡稱「寬對」。依對偶的句型,常見的有「句中對」、「單句對」和「隔句對」。

（一）句中對:同一個句子中,上下兩個語詞相對。又稱「當句對」。

◎大道之行也,天下為公。選賢與能,講信修睦。(孔子·〈禮運大同篇〉)

（二）單句對:上下兩句相對。

◎白日依山盡,黃河入海流。欲窮千里目,更上一層樓。(王之渙·〈登鸛雀樓〉)

（三）隔句對:第一句和第三句相對,第二句和第四句相對。

◎浩浩乎如馮虛御風,而不知其所止;飄飄乎如遺世獨立,羽化而登仙。(蘇軾·〈赤壁賦〉)

例句:

☺ 有著蟬在白晝大聲地呼嘯,高昂地歌唱,有著螢在黑暗的夜空輕盈的閃耀,殷勤地照料。(陳醉雲·〈蟬與螢〉)

☺ 南北百里,東西一舍。濤瀾洶湧,風雲開闔。晝則舟楫出沒於其前;夜則魚龍悲嘯於其下。(蘇轍·〈黃州快哉

亭記〉）

☺ 居廟堂之高，則憂其民；處江湖之遠，則憂其君。（范仲淹・〈岳陽樓記〉）

☺ 野芳發而幽香，佳木秀而繁陰。（歐陽修・〈醉翁亭記〉）

☺ 夏宜急雨，有瀑布聲；冬宜密雪，有碎玉聲。（王禹偁・〈黃岡竹樓記〉）

☺ 臨谿而漁，谿深而魚肥；釀泉為酒，泉香而酒洌。（歐陽修・〈醉翁亭記〉）

☺ 為輕舟激水的人生找一駐腳；為西風落葉的時代找一歸宿。（陳之藩・〈童子操刀〉）

☺ 曲闌迴干，流轉暮風聲；五階碧池，流瀉著月光。（吳宏一・〈笛聲〉）

☺ 海是動的，山是靜的。海是活潑的，山是呆板的。（冰心・〈山中雜記〉）

☺ 野曠天低樹，江清月近人。（孟浩然・〈宿建德江〉）

☺ 花有重開日，人無再少年。（關漢卿・〈竇娥冤〉）

☺ 愛人者，人恆愛之；敬人者，人恆敬之。（孟子・〈孟子〉）

☺ 你聽你的鳥鳴，他看他的日出。（宋晶宜・〈雅量〉）

☺ 鳶飛戾天者，望峰息心；經綸世務者，窺谷忘返。（吳均・〈與宋元思書〉）

☺ 棲守道德者，寂寞一時；依阿權勢者，淒涼萬古。（洪自誠・〈菜根譚〉）

☺ 茶，泡茶，泡好茶；坐，請坐，請上坐。（梁實秋・〈客〉）

☺ 蟬噪林逾靜，鳥鳴山更幽。（王籍・〈入若耶溪〉）

☺ 明月松間照，清泉石上流。（王維・〈山居秋暝〉）

作文書寫技巧

二十、頂真

頂真：用前一句的句尾，做為下一句的起頭。

◎民貧則姦邪生。貧生於不足，不足生於不農，不農生於不地著，不地著則離鄉輕家，民如鳥獸，雖高城深池，嚴法重刑，猶不能禁也。（曹錯·〈論貴粟疏〉）

例句：

☺ 今天的事推到明天，明天又推到後天。（甘績瑞·〈從今天起〉）

☺ 大河源於小溪，小溪來自高山。（藍蔭鼎·〈飲水思源〉）

☺ 如果能在進而擴充到整個社會，社會也必然會進步、祥和起來。（邵僩·〈讓關心萌芽〉）

☺ 名不正則言不順，言不順則事不成；事不成則禮樂不興，禮樂不興則刑罰不中；刑罰不中則民無所措手足。（孔子弟子及再傳弟子·《論語》）

☺ 幽泉怪石，無遠不到，到則披草而坐，傾壺而醉，醉則更相枕以臥；臥而夢，意有所極，夢亦同趣；覺而起，起而歸。（·〈始得西山宴遊記〉）

☺ 滿載一船星輝／在星輝斑斕裡放歌／但我不能放歌／悄悄是別離的笙簫／夏蟲也為我沉默／沉默是今晚的康橋！（徐志摩·〈再別康橋〉）

☺ 雖我之死，有子存焉；子又生孫，孫又有子；子又有子，子又有孫；子子孫孫，無窮匱也。（列子·〈愚公移山〉）

☺ 抽刀斷水水更流，舉杯消愁愁更愁。（李白·〈宣州謝朓

樓餞別校書叔雲〉)

☺ 青青河畔草，綿綿思遠道；遠道不可思，夙昔夢見之。
夢見在我傍，忽覺在他鄉；他鄉各異縣，輾轉不相見。
（佚名·〈飲馬長城窟行〉)

☺ 一個人在成長歲月中，一定會接受到很多人的關心。關
心我們最多的首推父母（邵僴·〈讓關心萌芽〉)

☺ 復前往，欲窮其林。林盡水源，便得一山。山有小口，
彷彿若有光。（陶淵明·〈桃花源記〉)

☺ 古之學者必有師。師者，所以傳道、授業、解惑也。人
非生而知之者，孰能無惑？惑而不從師，其為惑也，終
不解矣。（韓愈·〈師說〉)

☺ 她勤快地待客，善意是深厚的。我在內心盤算，盤算了
又盤算。（羅智成·〈北京備忘錄〉)

☺ 可能是鄰近小孩抓到了養著玩，玩膩了才放牠回來。（李
捷金·〈小白豬〉)

☺ 青青河畔草，綿綿思遠道。遠道不可思，夙昔夢見之。
（佚名·〈飲馬長城窟行〉)

☺ 宅中有園，園中有屋，屋中有院，院中有樹，樹上見天，
天中有月，不亦快哉。（林語堂·〈來臺後二十四快事〉)

☺ 風，酩酊的吹著，吹得街上只你一個人踉蹌，踉蹌走著。
（許達然·〈畫風者〉)

二一、倒裝

倒裝：敘述的句子，刻意不符合文法的順序。

◎ 我喜歡一面聽蟬一面散步，在黃昏。（簡媜·〈夏之絕句〉）

例句：

☺ 沉默是今晚的康橋（徐志摩·〈再別康橋〉）

☺ 香稻啄餘鸚鵡粒，碧梧棲老鳳凰枝。（杜甫·〈秋興八首〉）

☺ 一池的紅蓮如紅焰，在雨中。（余光中·〈等你，在雨中〉）

☺ 流著，溫馴的水波；流著，纏綿的恩怨。（徐志摩·〈巴黎麟爪〉）

☺ 黃色的雄蕊，歷歷的，閃閃的，襯托在叢綠之間，格外覺得嬌媚了。（朱自清·〈一張小小的橫幅〉）

☺ 向人嬌杏花，撲人衣柳花，迎人笑桃花。（馬致遠·〈題西湖〉）

☺ 小草偷偷地從土地裡鑽出來，嫩嫩的，綠綠的。園子裡，田野裡，瞧去，一大片一大片滿是的。（朱自清·〈春〉）

☺ 我喜歡一面聽蟬一面散步，在黃昏。（簡媜·〈夏之絕句〉）

☺ 靜極了，這朝來水溶溶的大道。（徐志摩·〈我所知道的康橋〉）

☺ 你底心如小小寂寞的城/恰若青石的街道向晚。（鄭愁予·〈錯誤〉）

☺ 又向前跨了一步，這蒼白的歲月。（楊喚·〈年〉）

☺ 你應該唱歌，學雲鳥輕盈的調子，在清晨，在夕暮，在午夜。（凡葉·〈玫瑰之書〉）

二二、互文

互文：又稱「互文足義」。上下句的意思、文字，互相補充，
　　　使語言簡潔精練，語意豐富。

　　　◎受任於敗軍之際，奉命於危難之間。（諸葛亮·〈出
　　　師表〉）

例句：

☺　不以物喜，不以己悲。（范仲淹·〈岳陽樓記〉）

☺　一陣傾盆大雨降下來,恰像飛機從天上撒下大大小小的
　　雪亮的珠子在海裡,那些珠子在碧綠的海水裡沸騰、翻
　　滾、翻滾、沸騰。（謝冰瑩·〈雨港基隆〉）

☺　有村舍處有佳蔭，有佳蔭處有村舍。（徐志摩·〈我所知
　　道的康橋〉）

☺　帶月行，披星走，孤館寒食故鄉秋，妻兒胖了咱消瘦。
　　（馬致遠·〈四塊玉歎世〉）

☺　暑來寒去，風霜雨雪，一天天，一年年，路燈總是在黑
　　夜中閃亮著。（佚名·〈路燈〉）

☺　輦下風光，山中歲月，海上心情。（劉辰翁·〈柳梢青春
　　感〉）

☺　我最近真是忙得昏天黑地。（劉墉·〈你自己決定吧〉）

▲

結

語

作文書寫技巧

作文書寫能力，建立於國學的基礎上，而厚實的國學是長年的積累，非一蹴可幾，這是作文書寫的基本功，學生平常就應加以充實。然要寫出一篇文情並茂的文章，就必須加上善於「遣詞用字、文法修辭、成語典故」等之應用，這種應用的能力，來自於邏輯、思辨等之訓練，方能有成。而要在短短 90分鐘的考試時間內即要完成，就得靠平常的反覆練習，所謂「熟能生巧」，自然能臨危不亂，穩如泰山。另外，這幾年來的各種考試，常有以「時事」為題的情況出現，故有關時事的議題，也應多加注意。以上所說，是提升作文能力的正途。

但如果在短時間內即要面臨考試，該怎麼辦？可參考如下辦法：

1.文章長短：

越接近於寫滿紙張，越有可能滿級分，以此類推。評分老師看你寫那麼多，自然覺得你的作文相對熟練，分數就會趨高不趨低。

2.主題意識：

文章一破題，核心觀點要明確，才不至於文不對題，尤其是評分老師看文章的第一印象，其好壞會影響給分的高低。

3.起承轉合：

注意起承轉合的邏輯性、流暢性，尤其首尾是評分老師在有限的時間裏，常拿來判斷文章好壞的依據，中間部分僅大致看過而已。首起的好壞，尾結得漂亮，自然決定其分數的高低。

4.文筆流暢：

　　思路清晰是文筆流暢的關鍵，按安排的順序進行，不但可以避免寫作時離題，也可強化每個段落之間的連貫與流暢性。

5.標點符號及錯別字：

　　標點符號標示不當及錯別字之多寡，皆會斟酌扣分。

6.其他：

　　以正體字書寫、字跡不要潦草、卷面乾淨整潔等。

　　以上所說，乃基於學生書寫作文的水準不足，又要立即能改善寫作分數的情況下，我們把立場聚焦在作文書寫的技巧上。但這非是提升作文能力的正途，是讓學生能在短時間內拿到高分的非正途高招。

　　綜上所說，本書提供一個國學基礎，以及應用技巧與高招的實務訓練，只要學生能反覆練習，他日必定有所成。

國家圖書館出版品預行編目資料

作文書寫技巧 / 蔡輝振　總編撰
臺中市：天空數位圖書　2020.12
面：17X23 公分
ISBN：978-986-5575-05-2（平裝）
1.作文　2.寫作　3.技巧　4.修辭　5.成語
523.313　　　　　　　　　　109020654

書　　　名：作文書寫技巧

發 行 人：蔡秀美

出 版 者：天空數位圖書有限公司

總 編 撰：蔡輝振

版面編輯：採編組

美工設計：設計組

出版日期：2020 年 12 月（初版）

銀行名稱：合作金庫銀行南台中分行

銀行帳戶：天空數位圖書有限公司

銀行帳號：006-1070717811498

郵政帳戶：天空數位圖書有限公司

劃撥帳號：22670142

定　　　價：新臺幣 490 元整

電子書發明專利第　I　306564　號

紙本書編輯印刷：
電子書編輯製作：
天空數位圖書公司　E-mail：familysky@familysky.com.tw　http://www.familysky.com.tw/
地址：40255台中市南區忠明南路787號30F國王大樓　Tel：04-22623893　Fax：04-22623863